Die Welt erleben

MECKLENBURG-VORPOMMERN

As uns Herrgott de Welt erschaffen ded,
fung hei bi Meckelnborg an,
un tworsten von de Ostseesid her,
un makte dat eigenhändig fahrig,
up de ein Sid bet Ratzeborg un Swerin,
up de anner Sid bet Stemhagen un Bramborg.

Fritz Reuter, aus:
De Urgeschicht von Meckelnborg (um 1860)

Die Welt erleben

MECKLENBURG-VORPOMMERN

Zwischen Ostseeküste und Seenplatte

Melitta Kolberg
Johann Scheibner
Hanne Bahra

BRUCKMANN

Willkommen in Mecklenburg-Vorpommern

Das Land zwischen Ostsee und Seenplatte erleben 20

Strände und Städte an der Festlandküste 40

Wismar – Bad Doberan – Rostock – Stralsund – Greifswald – Wolgast

Zwischen Wiesen und Feldern, mit Schloss und Windmühle, mit alten Gutshäusern und sandiger Badebucht ist der Klützer Winkel das perfekte Entree nach Mecklenburg-Vorpommern. Die für das Agrar- und Reiseland so typische Mischung aus großartiger Landschaft und Winkelprovinz wird weiter östlich von den alten Kulturhochburgen der Hansestädte durchbrochen.

Auf der Sonnenseite – die Inseln 76

Poel – Fischland-Darß-Zingst – Rügen – Hiddensee – Usedom

Sie liegen zwischen Meer und Bodden und tragen Strände ohne Ende, zumeist aus pulverweichem weißem Sand. Sie lassen ihre Ufer sanft ins Wasser, dann wieder bäumen sie sich steil über dem Meeresspiegel auf. Und alle haben zwei Seiten, eine stillere im Süden, eine geselligere im Norden. Doch die Sonne scheint überall. Auf ihnen werden sogar die meisten Sonnenstunden Deutschlands gezählt.

Das Hinterland 114

Seenplatte – Mecklenburgische Schweiz – Güstrow – Schwerin

Diese Gegend hat der liebe Gott dicht ans Wasser gebaut. Er legte sie zwischen Endmoränen und plattes Land und gab ihr zahllose Seen. Dann kam der Mensch und schmückte sie mit Wasserspielen, Parks und Schlössern. Er baute Kirchen und Katen – und lernte auch das Fliegen.

Reiseteil 144

Mecklenburg-Vorpommerns Top Ten – Festivals & Events – Zeittafel – Übernachten & Genießen – Mecklenburg-Vorpommern von A bis Z

Register 154
Impressum 156

Seite 12/13 *Blick vom Turm der Marienkirche auf den Marktplatz von Waren an der Müritz.*
Seite 14/15 *Bei einem solchen Sonnenuntergang gibt es wohl kaum einen schöneren Platz als in Plau am See an den Ufern des Eldekanals.*
Seite 16/17 *Das Schloss Basedow, Herzstück der schönsten Schloss- und Parkanlagen Mecklenburgs, entstand vom 16. bis 19. Jahrhundert.*
Seite 18/19 *Hanse-Romantik: Vor dem Wassertor, Wismars einzig erhaltenem Stadttor, liegt der Alte Hafen.*

OSTSEE
Mecklenburger Bucht
Lübecker Bucht
FEHMARN
Puttgarden
Oldenburg
SCHLESWIG-HOLSTEIN
Timmendorfer Strand
Lübeck
Ahrenshoop
Wustrow
FISCHLAND
Graal-Müritz
Klockenhagen
Warne-münde
Nienhagen
Heiligendamm
Kühlungsborn
Rerik
Bad Doberan
Rostock
Sanitz
Kröpelin
Altenhagen
POEL
Kirchdorf
Pepelow
Neu-bukow
Boltenhagen
Kalkhorst
Klütz
Groß Strömkendorf
Luckow
Warnow
Recknitz
Schwaan
Laage
Hohen Sprenz
Weitendorf
Wismar
Dassow
Greves-mühlen
Neukloster
Bützow
Schönberg
Mecklenburger Seenplatte
Güstrow
Klueß
Inselsee
Bobitz
Warin
Rehna
Mühlen-Eichsen
Schweriner See
Brüel
Gade-busch
Roggendorf
Ratzeburg
Kleefeld
Sternberg
Weberin
Borkow
Krakow am See
Krakower See
Goldberger See
Lützow
Schaal-see
Dümmer See
Schwerin
Warno
Crivitz
Kladrum
Mestlin
Goldberg
Bossow
Zarrentin
Friedrichsruhe
Karow
Eldekanal
Wittenburg
Banzkow
Ostkrug
Störkanal
Plauer See
Lübz
Plau
Camin
Hagenow
Parchim
Wöbbelin
Ganzlin
Boizenburg
Zahrensdorf
Vellahn
Pritzier
Redefin
Neustadt-Glewe
Suckow
Meyen-burg
Ludwigslust
Amt-Neuhaus
Lübtheen
Grabow
Eldena
Dahlenburg
Elbe
Kaarßen
Gorlosen
Dömitz
Pritzwalk
Dannenberg
BRANDENBURG
Lenzen
Perleberg
Wootz
MECKLENBURG-VORPOMMERN
N
0
15 km

Kap Arkona
Altenkirchen
Tromper Wiek
Boddenlandschaft
Vitte
HIDDENSEE
Stubbenkammer
JASMUND
Trent
Saßnitz
BALTISCHE SEE
RÜGEN
ZINGST
Bergen
Binz
Sellin
Baabe
Putbus
Göhren
Barth
Stralsund
Kummerow
Thiessow
Löbnitz
Barthe
Greifswalder Bodden
Richtenberg
Reinberg
Abtshagen
Peenemünde
Peene
Grimmen
Greifswald
Zinnowitz
Pommersche Bucht
Kemnit
Wolgast
Koserow
Poggendorf
Ückeritz
Glewit
Peene
Bansin
Heringsdorf
Züssow
Wehrland
Loitz
Ahlbeck
Trebel
Lassan
USEDOM
Jarmen
Gützkow
Swinoujście
Swinemünde
Demmin
Dargun
Peene
Usedom
Völschow
Liepe
Anklam
Tollense
Stettiner Haff
Kummerower See
Klempenow
Ueckermünde
Sarnow
Ducherow
Altenhagen
Malchin
Ueckermünder Heide
Eggesin
Ivenack
Basedow
Altentreptow
Ferdinandshof
Gielow
Reuterstadt Stavenhagen
Torgelow
Friedland
Hintersee
Galenbecker See
Szczecin (Stettin)
Jatznick
Varchentin
Neubrandenburg
Klein Plasten
Pasewalk
Strasburg
Waren
Penzlin
Tollense-See
Alt-Käbelich
Woldegk
Rollwitz
Bismark
Wolfshagen
Müritz-Nationalpark
Müritz
Stolpe
Krackow
Neustrelitz
Ludorf
Carpin
Prenzlau
Strelitz-Alt
Feldberg
Strelitzer
Wesenberg
Mirow
Seenplatte
POLEN
Templin
Rheinsberg
Schwedt
Angermünde
Oder (Odra)

imerie Amarillis
SPORT Team

arko
Haus des Gastes
Haus des Gastes

Eis

Seestern

Das Land zwischen Ostsee und Seenplatte erleben

Die Ostsee ist Deutschlands beliebtestes Sommerreiseziel. Rund 28 Mio. Übernachtungen kann Mecklenburg-Vorpommern allein für das Jahr 2013 für sich verbuchen. Aus gutem Grund: Unendlich weit reicht der Blick über das große Wasser im Norden, das stets mit dem Himmel seine Farbe ändert. Zwar bietet das Land weder gigantische Berge noch ein Meer von atlantischen Dimensionen, doch mit einer Bevölkerungsdichte von durchschnittlich 71 Einwohnern pro Quadratkilometer viel Platz. Industrie gibt es kaum. Über insgesamt 23 191 Quadratkilometer weht stets ein frischer Wind. Seeadler und Kranich fühlen sich hier wohl, nirgendwo in Mitteleuropa gibt es mehr Fischadler als in diesem Bundesland.

Gelb blühende Rapsfelder vor der Kulisse des Örtchens Gingst auf der Insel Rügen.

Von allen Fenstern aus sehen wir Wasser …

Und was hat die Ostsee im Osten, was sie westlich von Travemünde nicht hat? Mehr Meer auf jeden Fall und rund dreimal so viel Strand, 1712 Kilometer: schneeweiße Sandstrände, struppige Wiesenufer und schattige Buchenhänge. Türkisgrün umspielt das Meer hoch aufragende Kreidefelsen, der Sturm kämmt die Windflüchter am Darßer Strand. Bädervillen, historisch oder nostalgisch neu, fast immer in Baumwipfelhöhe, beleben einen nahezu naturbelassenen Küstensaum. Nirgendwo sonst kann man in Deutschland in so vielen neuen oder aufwendig sanierten Hotels und Pensionen logieren, in rohrgedeckten Hütten oder im Schlosshotel, wahlweise mit Blick auf das Meer. Rund zweitausend Schlösser, Gutshöfe und Herrenhäuser zeugen noch von der Geschichte dieses Landes, das, durch Erbstreitigkeiten zeitweilig arg zersplittert, immer wieder neue kleine Residenzen hervorbrachte. Mehr als tausend dieser Bauten stehen unter Denkmalschutz. Etwa 300 sind inzwischen liebevoll saniert und werden zumeist touristisch genutzt.

Buchten, Bodden und Inseln zerlappen den Küstensaum, endlose grüne Alleen führen in Feld und Flur, aber auch in stille Dörfer, verträumte Kleinstädte und in Orte, deren steinerne Gesichter noch immer von der glanzvollen Zeit der Hanse zeugen. Die norddeutsche Backsteingotik hinterließ auf dem Land Gotteshäuser von herzhafter Derbheit und in den Städten festungsgleiche Dome. Hafenspeicher und Schiffsmasten vervollkommnen die Silhouetten der alten Handels- und Seefahrerstädte – dies ist ein traumhaft schönes Land, vor dessen abwechslungsreicher Küste Inseln mit klangvollen Namen liegen: Usedom, Rügen, Hiddensee.

Reif für die Inseln

Oft sehnt sich der Reisende nach einer besseren Welt, nach Gottesnähe und Menschenferne, nach Weite und Überschaubarkeit und sucht sie in unverbrauchter Landschaft. Insgesamt etwa 17 Prozent der Landesfläche Mecklenburg-Vorpommerns sind Naturschutzgebiet. Zwischen grauem Alltag und Glückseligkeit liegen die Wasser von Haff und Bodden. Also raus aus dem Großstadtlärm, rauf auf die Insel. Glückliches Land im Meer – nur rund zwei Stunden von Hamburg oder Berlin entfernt. Paare spazieren Hand in Hand über Zuckersandstrände oder sammeln an Steilküsten fossile Zeugnisse der Schöpfungsgeschichte. Eine Insel ist eine Insel ist eine Insel. Die Grenzen sind sichtbar, der Horizont weit – die Synthese aus Geborgenheit und Freiheit macht die Inseln zu beliebten Zufluchtsstätten. Dieses Bundesland bietet mehr Inselseligkeit, als hinlänglich bekannt ist. Allein im Küstenbereich findet man üner 50 Inseln mit einer Gesamtfläche von 1407 Quadratkilometern. Allerdings nur wenige davon sind größer als ein Quadratkilometer. Viele dieser »Mikroinseln« liegen im Boddengewässer der großen Inseln Usedom, Rügen sowie der Halbinsel Fischland-Darß-Zingst und sind vor allem von Vögeln bewohnt. In den dichten Schlehen- und Weißdornbüschen der Greifswalder Oie nisten Grasmücken und Neuntöter. Im Kliff auf der Ostseite dieses 1550 Meter langen und an der schmalsten Stelle nur 370 Meter breiten Eilands bauen sich Uferschwalben ihr Nest. Für mehr als 30 Vogelarten ist die Greifswalder Oie ein ideales Brutgebiet. Die nur 0,2 Quadratkilometer große Insel Ruden an der Mündung des Peenestroms

1 *Ein Ausblick auf die Küste Mecklenburg-Vorpommerns, wie Fischer ihn jeden Tag genießen.* – 2 *Das wohl berühmteste Motiv an der Ostseeküste: der Kreidefelsen im Nationalpark Jasmund.*

2

1

2

vor Usedom war bis 1972 Lotseninsel. Heute sind hier vor allem Mittelsänger, Karmingimpel, Brandgans, Rotfuchs, Kreuzotter und Schafe zu Hause. Auch im Urwald der Insel Vilm vor Rügen ist der Urlauber ein nur zeitweilig geduldeter Gast. Die Vogelschutzinsel Langenwerder in der Wismarbucht, größte Sturmmöwenbrutkolonie und ältestes Seevogelschutzgebiet des Landes, darf zumeist nur der Vogelwärter betreten. Die großen Inseln Usedom, Rügen, Hiddensee und Poel sowie die Halbinseln Fischland-Darß-Zingst und Wustrow jedoch dienen vor allem dem touristischen Vergnügen.

Pack die Badehose ein

Auch das Hinterland lockt mit viel Wasser. »Land der tausend Seen« heißt es in den Prospekten, doch diese Zahl ist Poesie. Die amtliche Statistik hat es schwer: Seen sind veränderlich, vor allem die ganz kleinen. Schließlich wurden alle Seen gezählt, die größer als ein Hektar sind, und man ist auf mehr als zweitausend gekommen. Somit besitzt Mecklenburg-Vorpommern ein Drittel aller bundesdeutschen Seen, die immerhin 3,2 Prozent der Landesfläche einnehmen. »Von allen Fenstern aus sehen wir Wasser, lebendiges Wasser, das Schönste auf Erden …«, schrieb Hans Fallada in seinem am Carwitzer See entstandenen Roman *Heute bei uns zu Haus*. Und ein Blick auf die alljährlich vom Sozialministerium des Landes herausgegebene Karte zur Badewasserqualität zeugt von gutem Wasser. Rechnet man zu See und Seen noch die mehr als 25 000 Kilometer Fließgewässer hinzu, befindet man sich im wasserreichsten Bundesland. Das alles macht Mecklenburg-Vorpommern zu einem der schönsten und beliebtesten Wasserwanderreviere Deutschlands. Netzartig durchziehen blaue Bänder das Land. Es gibt Wasserstraßen, über die man direkt von Hamburg und Berlin aus mit dem Schiff nach Mecklenburg-Vorpommern reisen kann, und es gibt schmale, schilfumwucherte Flüsschen, die nur für Paddler und Ruderer geeignet sind. Mit einer Länge von 143 Kilometern und einem Einzugsgebiet von mehr als 5000 Quadratkilometern ist die Peene Mecklenburg-Vorpommerns drittlängster Fluss. Sie zählt zu den schönsten Tieflandflüssen Deutschlands und ist als Paddelrevier fast noch ein Geheimtipp. Dabei lässt sie sich mit ihrem schwachen Gefälle von nur 30 Zentimetern angenehm bereisen. Bei starkem Ostwind scheint sie gar ihrer Quelle wieder entgegenzufließen. Außerdem: keine Schleusen, nur wenige Brücken, dafür neue Wasseranleger, zahlreiche Häfen und eine abwechslungsreiche Landschaft.
Die Peene schlängelt sich durch die sanften Hügel der Mecklenburgischen Schweiz und durch flache Moorwiesen. An ihren Ufern entstanden schon vor Jahrhunderten idyllische Kleinstädte. Sie verband die alten Hansestädte Demmin, Anklam und Wolgast mit dem Meer und

3

4

5

1 *Herrlicher Ausblick über Wälder und die Zillmann-Seen.* – 2 *Usedom ist die Heimat einer Vielzahl von Vogelarten.* – 3 *Graugänse machen Rast am Plauer See bei Malchow.* – 4 *Kanutouren mit einem Ranger sind nicht nur für Kinder lehrreich.* – 5 *Für Naturliebhaber gehört das Fernglas zur Grundausstattung.*

begründete damit ihren einstigen Reichtum. In den stillgelegten Torfstichen zwischen Demmin und Anklam leben unter anderem Fischadler, Graugänse und Blesskrallen, ein wahres Paradies für Hobby-Ornithologen. Selbst Biber sind hier keine Seltenheit.
Angler schwärmen von Aal und Wildlachs, Romantiker von Seerosenfeldern.

Sieben Kilometer vor Anklam wird der Fluss zum Strom, der sich schließlich unterhalb von Peenemünde in die Ostsee ergießt. Viele Paddler verlassen bei Demmin die Peene und folgen in nordwestlicher Richtung den weiten Schwüngen der für Motorboote gesperrten Trebel. Von Südosten nähert sich die Tollense der Peene. Sie fließt vom Neubrandenburger Tollensesee an Altentreptow und Klempenow vorbei bis nach Demmin.
Auch dieser oftmals schmale, schilfbewachsene Flusslauf, in dem noch Otter und Biber leben, eignet sich für Paddler, die allerdings immer mal wieder ihr Gefährt über Land tragen müssen.
Malerisch mäandert die Recknitz durch stille Landschaft. Durch die Renaturierung der Flusstalmoore der Recknitz im Rahmen des EU-Life-Projektes erhielt der Fluss seinen ursprünglichen Lauf zurück. In der romantischen Sumpf- und Schilfwildnis kann man mit etwas Glück Schreiadler und Rohrdommeln beobachten. Über 55 Kilometer ist die Recknitz ein beliebtes Paddlerrevier mit interessanten Haltepunkten, wie dem stromaufwärts gelegenen Vogelpark Marlow. Die 13 Kilometer von Dudendorf-Liepen bis Bad Sülze zählen zu den schönsten Wasserrouten des Landes. Mal verliert sich der Fluss hinter engen Kurven, dann wieder weitet sich seenartig sein Bett. Hinter jeder Schilfecke findet sich ein neuer unerwarteter Anblick. Jedoch sollte man die Schilfufer und alten Torfstiche in dem Landschaftsschutzgebiet weder befahren noch betreten, da sie Rückzugsgebiete für viele Pflanzen- und Tierarten sind.
Kein Motorlärm zerfetzt die Stille auf den Flussläufen der Warnow, der Mildenitz und der Nebel. Die Warnow beginnt in Grebbin als kleiner Wiesenfluss und nimmt unterwegs die Nebel und die Mildenitz in sich auf. Sie schlängelt sich über 155 Kilometer bis nach Rostock zur Unterwarnow. Mit ihrem Einzugsgebiet von 2982 Kilometern ist sie Mecklenburg-Vorpommerns zweitgrößter Fluss. Ein wichtiger Zufluss für die Warnow ist die Mildenitz. Ihr Oberlauf ist stark begradigt, aber zwischen Zarchlin und den Karower Moorwiesen, vor allem aber ab dem Durchbruchstal bei Kläden atmet sie wieder auf. Reizend fließt sie durch das Seengebiet um Goldberg und Sternberg, doch erst ab Goldberg ist das kleine Flüsschen für Wassersportler nutzbar. Die unter Naturschutz stehende Nebel schlängelt sich mit etwa 30 paddelbaren Kilometern durch eine der schönsten Flusslandschaften Mecklenburg-Vorpommerns. Der nordöstlichste Seehafen Deutschlands liegt in Ueckermünde. Am Fuß des alten pommerschen Herzogschlosses, mitten in der Altstadt, treffen sich die Wasserwanderer, die über die Uecker kommen, mit Ausflüglern vom Stettiner Haff und Freizeitkapitänen der Ostsee. Inzwischen haben Hunderttausende Wasserwanderer die Seen, Flüsse und Wasserläufe entdeckt. Deutschlands modernste Wassersport-

1 *Auftakeln zur Zeesenbootregatta in Althagen und Bodtstedt.* – 2 *In Mirow kann man Motorboote für eine Tour auf dem gleichnamigen See mieten.* – 3 *Frischer geht es nicht: Räucherfisch und Fischbrötchen am Plauer See.*

2

3

1

region wartet mit etwa 450 Häfen, Marinas und Wasserwanderrastplätzen auf. 18 000 von landesweit insgesamt 32 000 Liegeplätzen befinden sich in der Seenlandschaft. Mecklenburg-Vorpommern hat sich bundesweit zur Nummer eins im Wassertourismus entwickelt.

Am Anfang war das Eis

Bevor das Land am Meer vorrangig dem Vergnügen geweiht wurde, mussten die bis zu sechzig Meter hohen Gletscher schmelzen. Was dann vor etwa 8000 Jahren hervorkam, waren Hügelgruppen im flachen Land. Erst 4000 Jahre später hatte das Litorinameer durch Abschmelzen der kontinentalen Eiskappen den heutigen Pegel erreicht, es ergoss sich in die Täler und machte die Erhebungen zu vereinzelten kleinen Inseln, die in den folgenden Jahrtausenden durch Versandung und Vermoorung zusammenwachsen sollten. Allmählich spülte das Meer das überschwemmte Land in Form von Dünen wieder an und schuf damit die für Mecklenburg-Vorpommern so typische Ausgleichsküste. Noch heute tragen Wind und Wellen an Land, was sie an anderen Stellen abreißen. Täglich zeichnen sie so die Küstenlinie neu.

Und doch nehmen manche dieses kleinste aller Weltenmeere nicht ernst, denn das im Durchschnitt lediglich 52 Meter flache und 420 000 Quadratkilometer große Baltische Becken ist im Vergleich mit den Ozeanen fast eine Pfütze.

Die Ostsee ist ein weitgehend abgeschnittenes Nebenmeer des Atlantiks und hat nur 0,0007 Prozent von dessen Wasservolumen. Bis zu 150 Fischarten leben im Ostseewasser (die Nordsee zählt das Dreifache), und hin und wieder gibt es Quallenalarm. Sie hat nicht einmal Gezeiten und ist auch nur halb so salzig wie die Nordsee, die sie durch eine schmale Verbindung mit Frischwasser versorgt. Dennoch mangelt es ihr durchaus nicht an Temperament. Wenn sie ein atlantischer Tiefausläufer trifft, wirft sie sich mit gewaltigen Wellen brüllend und Gischt spuckend über die Strände, um am nächsten Tag wieder blauäugig-sanft über den Spülsaum zu plätschern. Dann wieder stellt sie sich tot, bleiern bis zum Horizont wird sie ganz Abbild des grauen Himmels, bis ein Windstoß die Wolkenwand zerfetzt und wieder Farbe ins Spiel bringt.

Die Geschichte von Ossenkopp und Griepen

Nach dem Eis kam der Mensch. Mecklenburg ist, wie nicht anders Vorpommern und überhaupt Ostelbien, ein Resultat der deutschen Ostkolonisation im Hochmittelalter. Während der ersten Jahrhunderte unserer Zeitrechnung hatten diese Landschaften als Durchzugsgebiet für an der Völkerwanderung beteiligte Germanenstämme gedient, die darauffolgenden Zeiten einer fast völligen Devastierung lockten ab dem 6. Jahrhundert westslawische Stämme an, die hier sesshaft wurden. Sie brachten ihre Religion mit, ihre Kultur, ihre politische Ordnung. Westlich der Elbe, wo die Kaiserreiche sich formierten, erwachte spätestens im Zeitalter der Staufer das unwiderstehliche Bedürfnis nach Eroberung und Missionierung jener Wendenlandschaft. Es war der Welfe Heinrich, genannt der Löwe, der Ende des 12. Jahrhunderts die Ströme landloser Bauern aus Niedersachsen und Westfalen in die Gebiete südlich der Oder lenkte.

Außer den Bauern siedelten noch Mönche, voran jene vom Orden der Zister-

1 *Zisterziensermönche erbauten das Kloster Eldena, Caspar David Friedrich machte es weltberühmt.* – 2 *Die farbenfrohen historischen Gemäuer der Altstadt locken viele Gäste nach Wismar.*

zienser, die ihre Backsteinbauten überall ins Land stellten. Vor allem aber gab es nun jene Zivilisationsform, die sich der vergleichsweise rückständigen wendischen Gentilordnung als überlegen erwies: die Stadt. Sie wurde zum wirtschaftlich-kulturellen Herzstück der neu erschlossenen Region. Fast sämtliche dieser neu gegründeten Städte schlossen sich alsbald der Hanse an, jenem die gesamte Ostsee überspannenden Handelsbündnis, und Wismar

und Stralsund rückten nach Lübeck und Hamburg zu den wichtigsten Hafenstädten im ausgehenden Mittelalter auf.
Der Name Mecklenburg geht auf Michelenburg zurück, das wiederum die Übersetzung des slawischen Wiligrad, »große Burg«, ist. Gemeint war eine Festung südlich der Wismarer Bucht, von der nur ein zwölf Meter hoher Wall im heutigen Dorf Mecklenburg übrig blieb. Die ersten getauften Herrscher Mecklenburgs trugen Namen wie Niklot und Pribislaw; der weitaus häufigste Name der Pommernherzöge lautete Boguslaw.
Die mecklenburgischen Großherzöge konnten bis zu ihrer Demission im Jahr 1918 ihre direkte Herkunft aus dem wendischen Fürstengeschlecht nachweisen. Sie nannten sich, wie der gesamte Stamm, den sie 700 Jahre zuvor geführt hatten, Obotriten. Über weite Strecken zu Beginn ihrer christlichen Herrschaft gab es noch nicht das Prinzip der Primogenitur, also den ausschließlichen Erbanspruch der männlichen Erstgeburt. So kam es fortwährend zu territorialen Teilungen mit immer neuen Unterdynastien. Allmählich bildeten sich zwei Hauptlinien heraus, die nach ihren Regierungszentren Mecklenburg-Schwerin und Mecklenburg-Güstrow hießen. Die zweite Linie brach im Zeitalter des Barocks fort. Es gab dann umgehend eine neuerliche Spaltung, diesmal in die Fürstenhäuser Mecklenburg-Schwerin und Mecklenburg-Strelitz. Beide bestanden bis zum Ende des Ersten Weltkriegs. Ihre Territorien bestanden noch 16 weitere Jahre als separate Freistaaten, ehe die Nazis alle Grenzen verwarfen.

Pommerland ist abgebrannt

Die herrliche Lage Pommerns am Meer gefiel vor Jahrhunderten auch schon den Dänen, den Schweden, den Brandenburgern und dem Kaiser. Die Geschichte des Landes, dessen einzige stabile Grenzen im Norden die See und im Westen etwa die Flüsse Recknitz und Trebel waren, prägten die Kämpfe um das begehrte Dominium Maris Baltici. Wallenstein befestigte 1628 in Peenemünde eine sternförmige Schanze, von der aus zwei Jahre später sein ärgster Widersacher, der Schwedenkönig Gustav Adolf, seinen christlich getarnten Feldzug begann. Truppen tummelten sich hier nicht erst seit dem Dreißigjährigen Krieg. Doch der war der schlimmste, er reduzierte das pommersche Volk um zwei Drittel. Es war seitdem nie mehr eindeutig pommersch, sondern ab 1648 im Westen mit einem kleinen Teil jenseits der Oder schwedisch und im Osten brandenburgisch. Maikäfer, flieg! De Vadder is im Krieg …
Doch die Brandenburger wollten ganz Pommern; sie pochten auf ein bereits in Askanierzeit verbrieftes Lehnsherrenrecht, bis 1720 mit dem Frieden von Stockholm der preußische König Friedrich Wilhelm I. das schwedische Pommern bis zur Peene einschließlich der Insel Usedom erhielt. 1815, als mit dem Wiener

1 *155 Jahre lang bestimmte Schweden die Geschicke Wismars.* – 2 *Abendstimmung auf den Außenterrassen von einem der Restaurants an der Hafenpromenade.*

2

1

2

Kongress Europa neu verteilt wurde, machte man ganz Pommern zu einer preußischen Provinz.
Als die Usedomer 1720 unter die straffe Zucht des Preußenkönigs gerieten, waren sie zunächst wenig entzückt. Die schwedisch-pommerschen Herren westlich der Peene lebten gemütlicher. Ihnen hatte man lediglich einen Generalgouverneur ins Stralsunder Stadtpalais gesetzt und überließ sie ansonsten der Selbstverwaltung. Die Liaison mit den Schweden brachte durch die unangetastete Stellung der Stände zwar einen gewissen Stillstand und Ärger mit den Feinden des Königreichs, aber auch befruchtende Momente: Architekten wie der Stralsunder Nicodemus Tessin d. J. bauten zum Beispiel Schloss Drottningholm in Stockholm, Schweden wie Nils Eosander und Cornelius Loos errichteten Gebäude in Stralsund. Carl Wilhelm Scheele, der in Stralsund geboren ist, entdeckte in Schweden den Sauerstoff. Bis auf ein paar Büsten, Wappen, Gebäude und als erwähnenswerte Großtat ein um 1700 entstandenes Matrikelwerk ist von der langen Schwedenzeit wenig geblieben. Nach Schweden zu gehen, war für den Pommer meist Privileg, umgekehrt fühlte sich ein nach Pommern verschlagener Schwede eher strafversetzt.
Das preußisch-pommersche Usedom dagegen geriet in den frischen Wind absolutistischer Staatserneuerung. Die von Fontane beschriebenen preußischen Eigenschaften wie Misstrauen, Sparsamkeit und Genügsamkeit passten zur Kargheit der Lebensumstände, und der Pommer war fügsam. Jahrhundertelange Kriege und eine spröde Natur hatten einen Menschenschlag zwischen überlebensnotwendiger Anpassung und mildem Widerstand durch Gemächlichkeit geformt. Friedrich II. war damit zufrieden: »Die Pommern haben einen geraden und schlichten Sinn. Unter den Untertanen aller Provinzen eignen sie sich am besten für den Kriegsdienst wie für alle anderen Ämter … Sie sind eigennützig, aber weder grausam noch blutrünstig, und ihre Sitten sanft. Man bedarf also keiner Strenge …« Während andernorts das Bauernlegen tobte, bemühten sich die Preußenkönige um Stärkung und Vermehrung des Bauernstands. Preußische Kolonisationspolitik war so fruchtbar wie die Bodenverbesserung des Usedomer Thurbruchs. Am Ende des 18. Jahrhunderts gab es in Preußisch-Pommern etwa 2000 Dörfer und Siedlungen und über 5000 Bauernfamilien. Als wenig später das alte Preußen, das nach den Worten der Königin Luise auf den Lorbeeren Friedrich des Großen eingeschlafen war, unter Napoleons Truppen zusammenbrach, hielten Major von Neithard und Ferdinand Schill den Geist des nationalen Widerstands hoch. Der Krieg Schills gegen den Korsen machte den preußischen Husarenmajor zum Vorreiter der Befreiungskriege.
Ihm sang Ernst Moritz Arndt das Heldenlied und focht mit scharfer Feder gegen napoleonische Fremdherrschaft. Arndt war 1769 auf Rügen geboren. Sein Vater war einer der wenigen, die sich damals aus der Leibeigenschaft freikaufen konnten. Der Sohn machte sich 1803 mit seinem wohl bekanntesten Werk, dem anklagenden Versuch einer Geschichte der Leibeigenschaft in Pommern und Rügen, beim Junkertum unbeliebt. Am 4. Juli 1806 wurde die Leibeigenschaft formell auf-

3

1 *Vom Turm der Stralsunder St.-Marien-Kirche reicht die Sicht bei gutem Wetter bis weit aufs Meer.* – 2 *Im Saal der Schiffercompagnie findet bis heute das traditionelle »Schaffermahl« statt.* – 3 *Das denkmalgeschützte Scheelhaus in der Fährstraße beherbergt Gaststätten und ein Hotel.*

gehoben. Seit 1818 als Professor für Geschichte in Bonn ansässig, erhielt der »Sänger der Befreiungskriege« Lehrverbot und geriet in den Strudel der Demagogenverfolgung. »Was ist des Deutschen Vaterland? Das Ganze soll es sein.« Sein Bild vom geeinten Deutschland, das spätere Rezipienten je nach ideologischem Bedarf benutzten oder verschwiegen, passte noch nicht in das politische Kalkül. Vom Preußenkönig Friedrich Wilhelm IV. 1840 re-

habilitiert, zog Arndt, der Verfechter des preußischen Kaisertums, im Jahr 1848 als Abgeordneter in die Frankfurter Nationalversammlung ein.

Ein paar Jahrzehnte später heiratete Bismarck die pommersche Johanna von Puttkammer und gründete das Deutsche Reich. Vorpommern wurde von Berlin bis Saßnitz und Stettin durch die Eisenbahn vernetzt. 1909 wurde mit der Eisenbahntrajektlinie nach Trelleborg die kürzeste Verbindung zwischen Deutschland und Schweden eingeweiht. Noch kurz vor dem Ersten Weltkrieg eröffnete Kaiser Wilhelm II. den 194 Kilometer langen Berlin-Stettiner Großschifffahrtsweg. Bald nach dem Krieg flatterte es an jeder Strandburg des längst florierenden Bäderverkehrs schwarz-weiß-rot. Es pfiff »ein herzerfrischend antisemitischer Wind brausend über dem judenreinen Strand«, wie Tucholsky es 1922 sarkastisch beschrieb. Man konstruierte an ihren Stränden Wunderwaffen für ein noch größeres Reich. 1933 erreichten im Provinziallandtag die Nationalsozialisten die absolute Mehrheit. Am 20. April 1943 begannen die Angriffe der britischen und amerikanischen Bomber auf pommersche Städte. Am 5. Mai 1945 war ganz Pommern von der sowjetischen Armee besetzt, rund anderthalb Millionen Hinterpommern waren auf der Flucht. Hinterpommernland – heute zum polnischen Staat gehörend – war abgebrannt.

MeckPomm – Kunstprodukt und neue Identität

1945 hatte Deutschland 31 301 Quadratkilometer des etwa 38 400 Quadratkilometer großen Pommern verloren. Kurz wurde das Land zu Mecklenburg-Vorpommern vereint, dann verschwand 1947 auf Befehl der sowjetischen Militäradministration der Vorpommernbegriff für 43 Jahre. Pommern erinnerte an Preußen, und das – mit Militarismus und den Anfängen des Nationalsozialismus gleichgesetzt – war bis in die Geschichtsbücher ausgelöscht. Die Assoziation von Vor- zu Hinterpommern galt als Revanchismus. Aus einem Stettiner Hof machte man einen Schweriner Hof, aus einem Pommerschen einen Mecklenburger Hof. Das Land Mecklenburg reichte nun geopolitisch bis an die Oder. So wurden historische Wurzeln gekappt. Identität stiftendes Wissen sollte seit Ulbricht zerfallen und Platz schaffen für das platte Weltbild des DDR-Sozialismus. Vorpommern war nach der Wiedervereinigung für eine ganze ostdeutsche Generation ein gewöhnungsbedürftiger Begriff. Bislang Bürger der DDR, durfte der Ostmecklenburger als Bundesrepublikaner plötzlich wieder Vorpommer sein – ein Wort, das jahrzehntelang aus dem ostdeutschen Sprachschatz verschwunden war. Eine der ersten Entscheidungen der 1990 erstmals frei gewählten Volkskammer war der Beschluss des Ländereinführungsgesetzes. So entstand das Bundesland Mecklenburg-Vorpommern. In seinem Wappen sind der mecklenburgische Ossenkopp (Stier) und der pommersche Griepen (Greif) vereint. Für die jahrhundertealte Verbindung Pommerns mit Preußen steht der brandenburgische Adler.

1 *Die Westseite des Treptower Tors in Neubrandenburgan der Landstraße zum gleichnamigen Ort.* – 2 *Beeindruckend: das Mittelschiff des hochgotischen Doberaner Münsters.*

2

1

2

Kaiserbad, Kollektive und FKK

Die herrliche Lage am Meer bescherte dem Landstrich früh Gäste. Bereist und beschrieben wurde es aber lange vor Bäderverkehr und Tourismus. Vom jüdischen Gelehrten Ibrahim Ibn Jacub stammt einer der ältesten Berichte aus jener Zeit (956), da Mecklenburg weder ein Land noch eine Landschaft, sondern eben nur eine Burg war.

Die allgemeine Eroberung der Ostseeküste begann 1793, als der mecklenburgische Herzog auf Anraten seines Leibarztes Samuel Gottlieb Vogel in die Fluten stieg und alsbald das erste deutsche Seebad Heiligendamm entstand. Zehn Jahre später zog es die gräfliche Familie von Bothmer an den Strand der Boltenhagener Bucht. Inzwischen hatte der Ruganer Fürst zu Putbus Heiligendamm besucht und ließ 1816 mit dem ersten Seebad Rügens, Putbus-Lauterbach, das vorpommersche Pendant entstehen. Bürgerlicher ging es in Rostock-Warnemünde zu, als der Forstinspektor Becker im heißen Sommer 1817 Kühlung im Meer suchte. Bald badeten die Greifswalder in Eldena und Wiek, die Stralsunder am Gellen, und die Wismarer in Wendorf. Als im Jahr 1841 der Mecklenburger Blücher alias »Marschall Vorwärts« die Ostseewellen stürmte, begann auch auf der Insel Usedom die Badesaison. 1882 schließlich stellte der Rostocker Wilhelm Bartelmann den ersten Strandkorb an den Strand.

Es war Gründerzeit. Wie Pilze schossen die mit Säulen, Türmchen, Erkern und Veranden ausgestatteten Hotels und Pensionen aus dem Ostseesand. Dieses heitere Stilgemisch aus architektonischen Elementen von Gotik bis Klassizismus, gepaart mit Schweizer Alpenstil, ließ 1904 den Architekturexperten Alfred Lichtwarck über den »leichtfertigen Import aus Berlin« wettern: »Die neue Architektur entspricht in ihrem billigen Pomp mit zahllosen Türmchen schlechter Zeichnung, mit ihren ungefühlten Verhältnissen und grausam banalen Ornament dem Zustand unserer heutigen deutschen Kultur.«

Berliner Sommergäste kamen bald so zahlreich, dass sie zum Symbol des Ostseeurlaubers überhaupt wurden. Hauptziel der echten Berliner war seit dem Eisenbahnanschluss Berlin–Swinemünde (1876) die Insel Usedom. Selbst Wilhelm II. zog es nach Heringsdorf. Für weniger Betuchte gab es kleine Familienbäder und stille Winkel. Ganz im Sinn des Ückeritz-Liedes »Feind allem modischen Tand; großer Welt unbekannt, bleibe Natur …«, logiert man noch heute in Koserow ohne viel Pomp in Privatquartieren. Künstler besiedelten Ahrenshoop und Hiddensee. Und das Gebiet der Mecklenburgischen Seenplatte, Orte wie Plau, Röbel, Krackow und Waren, wohin auch Fontane aus dem Großstadttrubel floh, wurden für die Sommerfrische entdeckt.

Der nackte Widerstand

Schon vor dem Ersten Weltkrieg, als man zumeist noch auf die hohen Bretterzäune zwischen Damen- und Herrenbad schwor, gingen die ersten Sonderlinge auf Hiddensee »schwedisch« baden. Die wilden Zwanziger brachen endgültig mit wilhelminischer Zucht. 1923 gab es die erste Freibadeerlaubnis für das Seebad Bansin auf Usedom. Doch bald schon drohte den Nacktbadern der Zwickelerlass (1932). Erste Brauntöne mischten sich in die Klänge der Kurkonzerte, das Volksbad wurde zum Völkischen. »Deutsche, besucht deutsche Bäder«, annoncierte

1 In den Morgenstunden liegen die Inseln in der Ostsee jenseits vom lauten Alltag. – 2 Solche Loren dienten zum Transport der Kalkbrocken, die auf Rügen gebrochen wurden. – 3 Die Seebrücke in Sellin ist perfekt für einen Kaffee mit Blick auf das Meer.

Boltenhagen 1930. Ein Rundschreiben der NSDAP Pommern, das alle Juden vom Besuch der Seebäder ausschloss, besiegelte 1935 die »Arisierung« pommerscher Strände. Ferienglück wurde von nun an mit »Kraft durch Freude« gleichgeschaltet. In Prora auf Rügen sollte die größte Badeanstalt der Welt entstehen.

Nach Kriegsende strömten Flüchtlinge in alle Ferienorte. Aus den Pensionen, die eigentlich nur für einen Sommeraufenthalt gebaut waren, wurden Wohnungen. Doch bereits 1946 flanierte man in Binz wieder über die Strandpromenade und sprach über das Wetter. An die Gegenwart erinnerten nur die Uniformen russischer Soldaten und dass man sich – wie in frühen Tagen des Bäderverkehrs – einen Teil des Hausrates mitbringen musste. Zinnowitz wurde »Erstes Bad der Werktätigen« und hatte bald wieder so viele Urlauber wie zuvor. Doch der Pomp des Fin de Siècle war den neuen Gästen ziemlich egal. Jetzt reisten Urlauber an, »die in Hosenträgern auf der Strandpromenade spazieren gingen (...), zu irgendwelchen Arbeitsbrigaden gehörten, täglich Schulungsabende besuchten oder besuchen mussten und mit ihrem eigenen Glück nicht viel anzufangen wussten. Ihnen war das Meer verdächtig und nur der Wald vertraut ...«, schrieb Hans Werner Richter, gebürtiger Usedomer und Gründer der Gruppe 47.

Rigide schuf sich der Staat Platz für gelenkten Urlauberverkehr. Während zwischen Borkum und Travemünde bald wieder der traditionelle Bäderbetrieb aufgenommen werden konnte, hat man Anfang der 1950er-Jahre die privaten Hotelbesitzer im Osten enteignet. Die Häuser gingen in den Besitz des FDGB, der SED und der Stasi über. Jahrelang war das noble Kurhaus in Binz das »Haus der Armee«; aus dem Reunionssaal wurden die Urlauber über Lautsprecher auch am Strand über die Erfolge der sozialistischen Produktion informiert. Erst als sich das ostdeutsche Bildungsbürgertum durch Flucht in den Westen bedenklich zu reduzieren drohte, wurde 1961 das Reisebüro der DDR zur »Betreuung der Intelligenz und halbstaatlicher Leiter« gegründet, denen man nun im Kurhaus Binz, Ahrenshoop oder im Feldberger Hullerbusch etwas mehr Individualismus zugestand.

Im staatlichen Erholungswesen kostete eine Woche FDGB-Urlaub mit Vollpension etwa 30 Mark. Da wurde wenig erwirtschaftet, doch immer mehr Menschen füllten die ohnehin maroden Gründerzeithotels. Der mühsam konstruierte soziale Ansatz entwertete sich selbst in der Ausrichtung individueller Bedürfnisse auf übergeordnete politische Ziele. Das provozierte. Die Sehnsucht nach Freiheit fand bald Arena in der Auseinandersetzung um die Freikörperkultur – bürgerliche Dekadenz kontra proletarische Prüderie. Für die Volkspolizei war es oft schwer, das 1952 verkündete Nackt-Verbot durchzusetzen. Nackt sind alle Menschen gleich, und so wurde manch Prominenter und SED-Genosse als Nudist erwischt. Das Kameruner Nacktbadetreffen in Prerow auf Fischland-Darß-Zingst war die erste friedliche Revolution. Polizeichef Karl Maron, dessen Stieftochter Monika auch in Prerow Urlaub machte, wütete: »Die Kameruner Feste stellen im höchsten Maße eine Schmähung der Sitten und Gebräuche der Negervölker dar.« Die nackten Revolutionäre haben gewonnen – für eine Weile sogar im Höschenkrieg, der nach der politischen Wende an Mecklenburg-Vorpommerns Stränden entbrannte. Heute dritteln an den meisten Stränden Schilder die neu gewonnene Freiheit in Textil-, FKK- und Hundestrand.

1 *Es ist angerichtet: Möwen, die in Heringsdorf auf den Hering warten.* – 2 *Die saftigen Wiesen auf der autofreien Insel Hiddensee sind die Tankstellen der Kutschpferde.*

2

Strände und Städte an der Festlandküste

Zwischen Wiesen und Feldern, mit Schloss und Windmühle, mit alten Gutshäusern und sandiger Badebucht ist der Klützer Winkel das perfekte Entree nach Mecklenburg-Vorpommern. Die für das Agrar- und Reiseland so typische Mischung aus großartiger Landschaft und Winkelprovinz wird weiter östlich von den alten Kulturhochburgen der Hansestädte durchbrochen.

Das von Wassergräben umschlossene Schloss Bothmer in Klütz gehört zu den schönsten architektonischen Barockensembles des Landes.

Backstein und Zuckersand

Wismar – Bad Doberan – Rostock – Stralsund – Greifswald – Wolgast

An der Küste beginnt Mecklenburg gleich hinter der Stadt Lübeck – am ehemaligen deutsch-deutschen Grenzpunkt Schlutup/Selmsdorf. Der damals verbotene holprige Grenzerweg dicht am Meer wurde längst zum Radwanderweg gemacht. Hier ist Urmecklenburger Land. Schon Fritz Reuter liebte im Klützer Winkel Anfang und Ende der Welt: »As uns Herrgott de Welt erschaffen ded, fung hei bi Mecklenborg an, un tworsten von de Ostseetid her …«

Schnell hat man die Geselligkeit des schönen Travemünde verlassen und findet hinter dem Priwall struppige, ungezähmte Naturstrände und pralle Ländlichkeit. Schmale Chausseen verlieren sich im Kopfsteinpflaster der Dörfer oder zwischen den weiten Feldern des Klützer Winkels. Zeitreise in eine milde Moränenlandschaft, im Frühjahr knallgelb und im Sommer weizenblond, die seit vielen Jahrhunderten berühmt für fruchtbare Äcker ist. Schon im 12. Jahrhundert rodeten deutsche Siedler die Gegenden und gründeten Dörfer mit der Namensendung »-hagen«. Übrig blieb der kleine Leonorenwald. Kornkammer Mecklenburgs, Goldene Aue und Speckwinkel genannt, war das begehrte Land hauptsächlich in Junkerhand derer von Plessen und von Bothmer. Manches der alten Gutshäuser, wie das barocke Schloss Groß Schwansee, das frühklassizistische Gutshaus Redewisch oder das neoklassizistische Schloss Lütgenhof bergen heute elegante Herbergen hinter restaurierten Fassaden. Das Gutshaus in Stellshagen wurde zum gut frequentierten Bio-Hotel.

Geschichten aus dem Klützer Winkel

Auch Schloss Bothmer, Mecklenburgs größte barocke Schlossanlage in Klütz, der kleinsten Stadt Mecklenburgs und Hauptstadt des Winkels, wird restauriert. Ab 2015 soll im Haupthaus eine Dauerausstellung über den Bauherrn Hans Caspar von Bothmer und über die Geschichte der Güter im alten Mecklenburg eröffnen. Als 1723 die niedersächsische Adelsfamilie von Bothmer die Plessischen Besitzungen erwerben konnte, wurde aus dem ritterlichen Flecken Klütz Residenz und solide Handwerkerstadt. Hans Caspar von Bothmer, Gesandter Hannovers am Londoner Hof, ließ von Johann Friedrich Künnecke eine Schlossanlage erbauen, die Blenheim House bei Woodstock in Oxfordshire ähnlich sieht. Vom Marktplatz

1 *Pralle Ländlichkeit zwischen den Hansestädten Lübeck und Wismar. Der Klützer Winkel gilt als die »Goldene Aue« und ist eine der fruchtbarsten Landschaften Norddeutschlands.* – 2 *Das Klützer Schmuckstück, die Mühle von 1904. Seit dem Jahr 1985 ist sie ein Restaurant mit herrlichem Ausblick.*

1

2

1

2

aus führt die Schlossstraße und davon abzweigend eine uralte Lindenallee zum Schloss, die festliche Fassung durch einen Barockgarten erhält. Durch die Doppelreihen der hohen Linden an den Wassergräben schimmern korngelbe Felder. Vom Vorwerk Hofzumfelde führt eine zu Girlanden gestutzte Allee. Ansonsten schaut das Städtchen Klütz noch so aus, wie es einst Uwe Johnson, dem man seit 2006 im ehemaligen Getreidespeicher ein Literaturhaus gewidmet hat, unter dem Namen Jerichow beschrieb: »... ein Nest aus niedrigen Ziegelbauten entlang einer Straße aus Kopfsteinen, ausgespannt zwischen einem zweistöckigen Rathaus mit falschen Klassikrillen und einer Kirche aus der romanischen Zeit, deren Turm mit einer Bischofsmütze verglichen wird; lang und spitz läuft er zu, und wie die Mütze eines Bischofs hat er Schildgiebel an allen vier Schirmen«.

Nicht weit von hier streift ein Hauch Weltgeschichte den Winkel. Was wäre Troja ohne das Dörfchen Kalkhorst? In dem achteckigen Pavillon im Pfarrgarten paukte der Knabe Heinrich Schliemann, 1822 im nahen Neubuckow geboren, von Januar 1832 bis zum Herbst 1833 die ersten griechischen Vokabeln. Sein Onkel, der Pfarrer, predigte derweil in der im frühen 14. Jahrhundert erbauten Dorfkirche. Im Pfarrgarten von Roggenstorf gewährte in der Laube unter uralten knorrigen Linden des Pfarrers Tochter Luise Kunze dem angehenden Dichter Fritz Reuter die Hand. Zum Baden fuhr Reuter am liebsten nach Boltenhagen. Anfang des 19. Jahrhunderts ist das Fischer- und Bauerndorf aus der ländlichen Gemeinschaft ausgebrochen und wurde infolge gräflicher Badelust zum Seebad. Die Bewohner der zehn niederdeutschen Hallenhäuser in Alt-Boltenhagen hielten, bei allem Respekt, den Grafen Bothmer, als er in die Fluten stieg, für ebenso »döschig« wie die vielen anderen »Strandlöpers«, die bald folgten. Längst sind die Ortsteile Redewisch, Wichmannsdorf und Tarnewitz an der vier Kilometer langen Badebucht zu einem familienfreundlichen Badeort zusammengewachsen, der zwei Strandpromenaden mit Spielplätzen, Seebrücke und Musikpavillon bietet. Ein Waldstreifen hält allzu raue Winde im Zaum und mäßigt die Wellen.

Erbin einer Supermacht – die Hansestadt Wismar

Die Hanse hat Konjunktur. Das Image ist positiv. Das Fernziel heißt frei nach Thomas Mann »humane Weltbürgerlichkeit« und ein Europa, orientiert an dem historischen Phänomen dieser etwa fünfhundert Jahre lang gut funktionierenden Wirtschaftsgemeinschaft. Sofort nach den kommunalen Wahlen 1990 tauften die vier Hansestädte des wendischen Quartiers, Wismar, Rostock, Greifswald und Stralsund, nicht nur ihre Stadtverordnetenversammlungen um in Bürgerschaft und die Magistrate in Senat, sie knüpften mit dem Status der Kreisfreiheit auch selbstbewusst an altes hansisches Autonomiedenken an. Hanse ist Inbegriff des Verlorenen und Erstrebenswerten wie Identität, Stolz, florierende Wirtschaft, Kultur und überschaubare Gemeinschaft, zwar ohne den historischen Rechtsschutz, aber mit Halt für die Entwurzelten im familiären Gemeinschaftssinn. »Lasset uns tagfahren, denn das Kriegsfähnlein ist leichter aufgesteckt als wieder heruntergeholt.« Die friedliche, kräftesammelnde Hanse als Urbild für ein neues Europa ist gefragt. Dass sie so diplomatisch wie skrupellos ihr Handelsmonopol verteidigt hatte, bleibt

1 *Der noch immer mittelalterlich geprägte Hafen von Wismar ist Teil des UNESCO-Welterbes.* – 2 *Bunt getünchte Häuser säumen den Kanal an der Mühlengrube in Wismar.* – 3 *Auf einem Hügel erbaut, ragt die »Bischofsmütze« der Klützer Marienkirche weithin sichtbar in den hohen Mecklenburger Himmel.*

1

2

3

dem Geschichtsurteil überlassen. Es begann um 1160 mit der Kaufmannshanse, einer Art Selbsthilfegruppe einzelner deutscher Kaufmannsunternehmen ohne institutionalisierte Macht, die nur schwache Hilfe gegen räuberische Überfälle war. Ins Mare Balticum, das bislang skandinavisch-slawische Meer, stach kraft dickbäuchiger Kogge der Kaufmann zunächst von Lübeck aus. Rund hundert Jahre später – die deutschen Handelsstädte lübischen Stadtrechts östlich der Trave waren gegründet – war das Handelsnetz nach Boston, Brügge, Bergen und Nowgorod geknüpft. Als stärkerer Schutzbund zur Wahrung der Handelsinteressen entstand in der zweiten Hälfte des 13. Jahrhunderts die Städtehanse.

Primus inter pares war Lübeck. Sein Reichtum lockte den Ehrgeiz der mecklenburgischen und vorpommerschen Hansestädte. Aus Hallenkirchen wurden Basiliken lübischer Art. Eine der größten Exportwerkstätten für Schnitzaltäre war die des Lübeckers Bernd Notke. Der Seeverkehr sorgte für Kulturtransfer und kam damit der Repräsentationslust der Hanse zugute. Die hohen Kirchtürme, die noch heute ein scheinbar unverändertes Stadtpanorama vorgaukeln, sind Ausdruck des Selbstbewusstseins des hansischen Bürgers. Der kunstvolle Einsatz des Backsteins spiegelt seinen Kunstverstand, die Bestimmung der Türme als Seezeichen praktischen Sinn wider. Das Kaufmannshaus, von der hohen Diele bis in die Speicherräume unter dem Dach Lagerraum, Kontor und nebenbei auch Wohnraum, anfangs als Fachwerk, mit zunehmendem Wohlstand aus feuerfestem Ziegel erbaut, zeigt sich heute im unbekümmerten Nebeneinander gotischer, später im Renaissancestil, barock und klassizistisch überbauter Giebel.

Die Hansestädte waren als Kolonisationsstädte planmäßig angelegt. Die Altstadt von Wismar repräsentiert noch heute idealtypisch die Hansestadt aus der Blütezeit des Städtebunds im 14. Jahrhundert. Der mittelalterliche Grundriss ist nahezu unverändert. Das mittelalterliche Hafenbecken, die Grube, der einzig noch existierende künstliche Wasserlauf in einer norddeutschen Altstadt und die nahezu lückenlose historische Altbausubstanz prägen die Stadt, die mit einem Ausmaß von 76 Hektar eine der größten erhaltenen Altstadtflächen Europas besitzt. 2002 wurde sie gemeinsam mit Stralsund zum Weltkulturerbe erklärt. Dabei hatte auch Wismar den Zweiten Weltkrieg nicht unbeschadet überstanden. Als am Morgen des 15. April 1945 BBC London die erfolgreiche Zerstörung der Ziele meldete, irrte der Sender: Nicht wie geplant die kirchengroßen Speichergebäude und Silos am Hafen wurden getroffen, sondern die Kathedralen der Stadt. Was den Bomben entgangen war, wurde wenig später durch den SED-Staat bedroht. Die älteste Kirche der Stadt, St. Marien, die weniger zerstört war als ihr wiedererrichtetes gleichnamiges Vorbild in Lübeck, wurde bis auf den 81 Meter hohen Kirchturm, allzeit See-

1 *Die hübsche Altstadt der Hansestadt lohnt nicht nur kulturell – sie wurde 2002 zum UNESCO-Welterbe ernannt –, auch das »süße Nichtstun« ist hier zu Hause.* – 2 *Tradition wird in Wismar großgeschrieben.* – 3 *Die Nikolaikirche wurde im Stil der norddeutschen Backsteingotik errichtet.* – 4 *Backstein ist auch für Industriegebäude typisch.*

Original
AMERICAN HOTDOGS
Original
AMERICAN HOTDOGS
SEESTERN
STADTRUNDFAHRT
GRILL IMBISS
BRATWURST
Original Currywurst
1

2

zeichen der Schiffer, gesprengt. Wäre es für die umliegenden Häuser nicht zu gefährlich gewesen und hätte nicht schon die Sprengung des Marienkirchenschiffes so starke Proteste ausgelöst, wäre die nur etwa 150 Meter entfernte St. Georgenkirche (1230–1490) ebenfalls geschleift worden. Inzwischen wurde die Kirche unter Aufsicht der Deutschen Stiftung Denkmalschutz in wesentlichen Teilen als Gotteshaus und Kulturkirche wiederhergestellt. Wie die meisten Häuser im Stadtkern wurde auch der Fürstenhof im Schatten der St. Georgenkirche inzwischen saniert.

Von jeher war Wismar beliebt als Stätte höfischer Festlichkeiten. Heute wird das Palais, das der kunstsinnige Johann Albrecht I. 1553/56 erbauen ließ, um eine preußische Prinzessin zu heiraten, als einziger italienisch inspirierter Bau Wismars jeder Reisegruppe als Kleinod vorgeführt. Eng rückt der schlichte dreigeschossige Renaissancebau, dem die roten Terrakottarahmungen der Fenster und die Sandsteinfriese Gliederung und eine leicht unterkühlte Festlichkeit geben, an das »Alte Schloss« heran. Dieser gotische Bau wurde für die Hochzeit Heinrichs V. um ein Geschoss erhöht und mit schönem Sternengewölbe versehen.

Die dritte und größte der Wismarer Kirchen, die Nikolaikirche im Norden der Altstadt, ist auch von innen zu besichtigen. Vieles, was man einst aus den anderen beiden Kirchen geborgen hat, wurde hier aufbewahrt. Der Wasserlauf der Frischen Grube rahmt südwärts den Kirchplatz, der mit alten Grabsteinen gepflastert ist. Der hohe Innenraum der Kirche ist tiefrot, die mächtigen achteckigen Pfeiler verdichten sich scheinbar zur Wand. Über dem Halbdunkel der Arkadenzone liegt himmlisches Licht, das durch die jochbreiten Fenster des Obergadens flutet. Noch bevor der Besucher dazu kommt, die großen mittelalterlichen Wandmalereien an den Turmwänden, den gotischen Krämeraltar aus der Marienkirche oder den ehemaligen Hochaltar der Georgenkirche zu betrachten, erzählt der Kirchenführer die sagenhafte Entstehungsgeschichte des »Teufelsgitters«, eines schier endlosen schmiedeeisernen Geflechts aus dem 16. Jahrhundert.

Gegenüber der Kirche, an der Ecke zur Schweinsbrücke, steht das prunkvollste Bürgerhaus Wismars.

Wenn diese Stadt jemals der großen Mutter Lübeck Konkurrenz machen konnte, dann mit der »Mumme«, seinem in ganz Nordeuropa geschätzten Luxusbier. Die Brauer zählten zu den angesehensten Leuten der Stadt, so jener Hinrich Schabbell, der 1569 bis 1571 der Bauherr des Backsteinhauses, das ein frühes Beispiel niederländischer Renaissancebaukunst in Hau- und Backstein ist. Philipp Brandin, der Architekt dieses Gebäudes, das heute das Stadtmuseum beherbergt, gilt als einer der bedeutendsten Bildhauer und Baumeister der Renaissance in Norddeutschland. Von ihm stammt auch die Wasserkunst auf dem Marktplatz. Mit 10 000 Quadratmetern ist er der größte im ganzen Bundesland. Mehr Möwen als Tauben trippeln über das Pflaster, das abwechselnd parkende Autos und die Stände des Wochenmarkts trägt. Ein schnauzbärtiger Schwedenkopf ziert das Tympanon des Portals des ältesten Bürgerhauses der Stadt an der Ostseite des Platzes und erinnert an die Schwedenzeit, die für Wismar 1648 begann. 1803 auf hundert Jahre an den Herzog von Mecklenburg-Schwerin verpfändet und nie wieder eingelöst, heißt es noch heute in Wismar: »Unter drei Kronen ließ es sich gut wohnen.« Zwei weitere Schwedenköpfe am Baumhaus an der Hafeneinfahrt, das schwedische Kommandantenhaus, das Zeughaus, das barocke Provianthaus zeugen von jenem Teil der Wismarer

1 *Der Marktplatz von Wismar mit einem der Wahrzeichen der Stadt, der Wasserkunst, einem Brunnen aus dem Jahr 1602.* – 2 *Im Alten Hafen geht es beschaulich zu, und auch die Möwen profitieren von den Besuchern.* – 3 *Die schwedische Vergangenheit der Stadt ist deutlich sichtbar.*

Geschichte, die man alljährlich im August mit dem Schwedenfest wieder hochleben lässt.

Weiße Bädernostalgie und roter Ziegelstein

»Molli« ist eine Kleinbahn, der vor mehr als hundert Jahren der dicke Mops einer Passagierin bellend hinterhergelaufen sein soll. »Bliw staan Molli!«, kreischte die Dame. Der Lokomotivführer glaubte, der Ruf gelte dem Zug und hielt an. Fortan hatte das Bähnlein, das seit 1886 zwischen

Bad Doberan und Heiligendamm, ab 1910 bis nach Kühlungsborn, 15,4 Kilometer durch Felder und Wälder schnauft, seinen Namen weg. Molli selbst ist ein Schmalhans mit einer Spurbreite von 900 Millimetern. Noch heute ist eine Fahrt mit der ältesten Schmalspurbahn der Ostseeküste atemberaubend, so dick qualmt ihr Dampf aus dem Schornstein. Gemütlich sitzt man vor allem im alten Speisewagen. Auch das kleine Museum an der Endstation Kühlungsborn-West konserviert Bäderbahn-Nostalgie. Kühlungsborn ist das größte Seebad der mecklenburgischen Ostseeküste. Vor der Ostseeallee, die mit vielen historischen Bädervillen zu den schönsten Hotelmeilen der Küste zählt, rahmt die von einem Streifen Küstenwald gesäumte Strandpromenade den sechs Kilometer langen Sandstrand.

Nächster Stopp: Heiligendamm. Nicht weit von dem lebhaften Familienbad Kühlungsborn entfernt lagert in vornehmer Blässe die weiße Stadt am schmalen Strand. Willkommen in der Urzelle deutscher Bädergeschichte. Die Architekten von Seydewitz, Severin und Demmler haben hier eines der elegantesten und teuersten Seebäder Deutschlands gebaut, klassizistisch und im romantischen Tudorstil. Noch bis in die 1930er-Jahre galt es als »fashionables, internationales Seebad für Upper ten«. Als es 1947 in den Besitz der Landesversicherungsanstalt überging, kurierte sich das Volk hier aus. 2003 wurde das Bad als »schönste Antiquität an Deutschlands Küste« neu inszeniert. »Heic te laetitia invitat post balnae sanum« (Freude empfängt dich hier, entsteigst du gesundet dem Bade) lockt die Reichen und Schönen wieder mit golden leuchtenden Lettern das Kurhaus im Stil eines griechischen Tempels.

Einmal im Jahr trifft sich die vornehme Welt auch auf halber Molli-Strecke zwischen Heiligendamm und Bad Doberan, auf Deutschlands ältester Pferderennbahn, die, 1822 gegründet, seit Mitte der 1990er-Jahre wieder in allen Buchmacherläden des Landes fest vertreten ist. Schließlich dampft und bimmelt »Molli« durch die engen Straßen von Bad Doberan.

Ohne Doberan wäre Heiligendamm undenkbar. Zunächst hatte die fürstliche Familie ausschließlich in diesem Ort, sechs Kilometer vom Meer entfernt, logiert. Im Schatten des herzoglichen Palais auf dem Kamp, der einstigen öffentlichen Kuhweide, wurde flaniert. Bald wuchs das Städtchen mit klassizistischen und wilhelminischen Villen zum beliebten Wohnsitz für Adelige und Beamte heran. Doch lange davor wurde der einstmals sumpfige Flecken von Zisterziensermönchen entdeckt. Bereits 1171 startete drei Kilometer südöstlich von hier der konvertierte Slawenfürst Pribislaw gemeinsam mit zwölf Amelungsborner Mönchen den Versuch, sein Volk vom Christentum zu überzeugen. Doch sie wurden erschlagen. Sieben Jahre später suchte der Sohn Pribislaws, Heinrich Borwin, einen unblutigen Ort für den erneuten Versuch, ein Kloster zu gründen. Bei der nächsten Jagd sollte der Pfeil über den Standort der neu zu errichtenden Klosteranlage entscheiden. Der Hirsch wurde getroffen, brach zusammen,

1 *Die Schmalspurbahn Molli verkehrt im Sommer regelmäßig zwischen Bad Doberan und dem Ostseebad Kühlungsborn.* – 2 *Nahe am Wasser gebaut: Im Kühlungsborner »Schloss am Meer« hört man das Wellenrauschen noch im Schlaf.*

2

1

und die erlauchte Jagdgesellschaft stand mitten im Sumpf. Zweifel befiel die Männer, doch da flog ein Schwan vorbei und rief »dobr, dobr« (gut, gut). Der erste Bau brannte trotzdem im Jahr 1291 aus. Unter Einbeziehung der alten südlichen Westwand mit Kontroversenpforte und Kreuzbogenfries, der südlichen Seitenschiffwand sowie der Westwand des südlichen Querarmhauses entstand bis zum Jahr 1368 das Doberaner Münster, eines der großartigsten Baudenkmäler der norddeutschen Backsteingotik, das mit seiner reichen, in vielen Teilen noch originalen mittelalterlichen Innenausstattung zu den beliebtesten Ausflugszielen in Mecklenburg zählt. In der Übernahme des klassischen nordfranzösischen Kathedralenschemas, in der Verschmelzung von Chorumgang und Kapellenkranz, hat das Gotteshaus Ähnlichkeit mit der Marienkirche in Lübeck. Da es bevorzugte Grablege der mecklenburgischen Herzöge war – 56 Mitglieder des mecklenburgischen Fürstenhauses wurden hier bestattet –, bietet es neben der wertvollen Ausstattung ein Lehrstück zur Grabmalkunst vom 13. bis zum Beginn des 20. Jahrhunderts.

Von den übrigen Klostergebäuden auf dem von einer 1400 Meter langen Klostermauer umfassten parkartigen Außengelände existieren noch das Brauhaus (um 1290) und das Kornhaus (um 1280). Ein besonderes Kleinod der Backsteingotik ist das achteckige Beinhaus, das auf das Jahr 1230 datiert wird, es diente zur Aufbewahrung der Mönchsgebeine. Das Beinhaus ist mit blaugrünen, roten und schwarzen Glasursteinen verziert, und gilt als eines der frühesten Zeugnisse derartiger Verschönerungskunst des Backsteins.

Tor zur Welt – Hansestadt Rostock

Beinahe wäre Rostock Landeshauptstadt geworden. Als es gegen Schwerin verlor, trugen es die Rostocker hingegen mit dem Selbstbewusstsein einer Hansestadt, die immer mehr der See als dem Land zugewandt war. Die größte Stadt Mecklenburg-Vorpommerns und – nach Berlin und Leipzig – flächenmäßig ganz Ostdeutschlands war forciertes Wirtschaftswunder der DDR. Als mit dem Zusammenbruch dieses Staates auch die Monowirtschaft Rostocks zerbrach, gingen etwa zehntausend Arbeitsplätze im Schiffbau verloren. Hohe Arbeitslosigkeit erschütterte das soziale Gefüge. 1949 zum Zentrum maritimer Planwirtschaft bestimmt, erfuhr Rostock als »dynamische sozialistische Industriegroßstadt« eine Bevölkerungsexplosion, der man seit den 1960er-Jahren mit neun Trabantenstädten Herr zu werden versuchte. Aus dem grünen Gürtel der Stadt wurde ein Betonring. Während auf grüner Wiese gebaut wurde, verkamen große Teile der Innenstadt. Schon im Zweiten Weltkrieg zu 40 Prozent zerstört, hatte man danach noch reichlich Schlachtopfer der sozialistischen Glaubenskrise zu beklagen. »Dass ich nie in der Jacobikirche gewesen war, das fuchste mich. Nun war es zu spät, nun war sie kaputt.« »Was? Du warst noch nie in der Jacobikirche? Du hast sie nie von innen gesehen?« Da klappte man zusammen. »Wie isses nun bloß möglich«, heißt es in Walter Kempowskis *Tadellöser & Wolff*. Die Jacobikirche, schon einmal im Jahr 1438 mit der Okkupation des Domstifts Demonstrationsmittel landesherrlicher Macht, wurde, zwar kriegsversehrt, aber nach ersten Renovierungsversuchen bereits wieder rekonvaleszent, geschleift. »Die Fürsten meinten nicht die Kirche, sondern die vollkommene Gewalt über die Stadt, damit sie einen Knoten in die Freiheit schlügen«, schrieb Albert Kranzin, 1482 Rektor der Rostocker Universität. Die Geschichtsschreibung der Stadt, deren Schicksal in den Erbverträgen von

1 *Der Dachreiter des Doberaner Münsters spiegelt die schlichte Baukunst des Zisterzienserordens wider.* – 2 *Seit 1727 verdeckt der barocke Vorbau die alte, von sieben Türmchen gekrönte Backsteinfassade des Rathauses.*

1573, 1584 und 1788 festgeschrieben war, ist voll von Kämpfen um Autonomie. Doch maßvoller als in anderen Städten, besann man sich hier stets schneller auf greifbaren Vorteil. Aus den Steinen der Jacobikirche wuchs ein elfgeschossiges Hochhaus an der Langen Straße, eine sozialistische Magistrale, die spielerisch traditionelle Bauformen zitiert. Kommt zwischendrin auch die Marienkirche, die gewaltige Rats- und Universitätskirche der Gotik, wie ein Schiff mit windgeblähten Segeln daher, die neuen Backsteinhäuser mit Staffelgiebel, Fialen und Dachreiter bieten Paroli. So entfaltet Rostock hanseatische und sozialistische Selbstherrlichkeit. Wer die Lange Straße nordwärts überquert, landet am Stadthafen, von wo aus sich Rostocks Panorama mit historisierenden Bauformen der Neuzeit und alten Staffelgiebeln am schönsten zeigt. Der Hafen mit seinen alten Speichern ist heute eine bunte Kneipenmeile. Jedes Jahr im August schlägt hier die »Hanse Sail« hohe Wellen. Sie ist das größte maritime Spektakel des Landes. Windjammer, Briggs, Barkentinen und Schoner sowie rund eine Million Gäste reisen an. Wer sich rechtzeitig anmeldet, darf sogar auf den eisernen Museumsdampfern, hölzernen Traditionsschiffen und eleganten Sportjachten mitschippern. An Land wartet derweil reichlich Vergnügen bei Shanty und Rock auf vielen Bühnen und an den Buden Hunderter Schausteller an der bunten Marktzeile. Zwei grandiose Feuerwerke, gleichzeitig in Warnemünde und Rostock entzündet, beenden das Fest.

Die zentrale Flaniermeile Rostocks liegt südlich der Langen Straße. Rostock sei stets von Kommerz und Geist geprägt, sagte einmal Richard von Weizsäcker. Der Geist dieser Stadt, materialisiert in den Gebäuden der Universität, halbiert die Kommerzzeile Rostocks, die Kröpeliner Straße. Dieser erste Bummelboulevard Ostdeutschlands zwischen dem hohen gotischen Kröpeliner Tor im Westen und dem Neuen Markt im Osten ist das urbane Lebenszentrum der Stadt. Der mit zwanzig tollenden Bronzefiguren originellste Brunnen und die mit einem Glockenspiel versehene, meistgerühmte Lückenbebauung der DDR stehen hier. Die vielgestaltigen Hausformen sind Bilderbuch Rostocker Baugeschichte. Manche von ihnen wurden zu dekorativer Kulisse saniert. Hinter der Fassade des gründerzeitlichen Rostocker Hofs hat sich der gläserne Technopalast einer Einkaufspassage und eines Hotels bis in den Schatten des strengen Gemäuers des Michaelisklosters geschoben. Es lohnt sich, durch die Seitenstraßen zu streifen. Kleine intime Plätze wie der Ziegenmarkt an der Marienkirche, der Heiliggeisthof oder das Kloster zum Heiligen Kreuz, ein um 1270 von der dänischen Königin Margarethe gestiftetes Zisterzienser-Nonnenkloster, schlucken den Lärm der Stadt. Das Kloster zwischen alter Stadtmauer und Universitätsplatz birgt heute eine bedeutende Sammlung niederländischer Malerei und Grafik, Werke deutscher, französischer und italienischer Meister des 16. Jahrhunderts sowie regionale Landschaftsmalerei aus dem 19. und 20. Jahrhundert. Beachtlich ist auch die Sammlung sakraler Kunst und von Zeugnissen der Stadtgeschichte. Die Klosterkirche aus dem frühen 14. Jahrhundert, seit 1899 Universitätskirche, gilt als die nach Doberan am reichsten ausgestattete mittelalterliche Klosterkirche Mecklenburgs.

Der Weg zum Klostergelände führt über den Universitätsplatz. Fast alle Gebäude hier dienen heute der Rostocker Universität. Mit 160 Studenten wurde sie 1419 eröffnet: »Da es Gottes Sohn gefallen hat,

1 *Der »Brunnen der Lebensfreude« (1980) auf dem Universitätsplatz ist das bekannteste Werk des Bildhauers Joachim Jastram.* – 2 *Ein Ort der Stille: das einstige Zisterzienserkloster zum Heiligen Kreuz.* – 3 *Shoppen und schauen. »Die Kröpeliner« ist Einkaufsmeile und ein Bilderbuch der Rostocker Architekturgeschichte.*

2

3

OCTOBER, HABET DIES 31.
NOVEMBER, HABET DIES 30.
DECEMBER, HABET DIES 31.
IANVARIVS, HABET DIES 31.
1

Rostocker Pils
2

das versumpfte Niederdeutschland, befangen in Ignoranz und Irrglauben, in Missständen des Gerichtswesens und auf Abwegen von der Gerechtigkeit – und dies wegen des Mangels an guten Schullehrern und Professoren – zum Licht zu führen, deshalb hat er die mecklenburgischen Fürsten dazu gebracht, in Rostock eine Universität zu gründen«, sprach der Bischof von Schwerin, als er den Papst Martin V. um Bestätigung der Universitätsgründung bat. Der Glanz der Alma mater Rostochiensis, der »Leuchte des Nordens«, fiel auf die Stadt zurück und lockte bedeutende Gelehrte wie Johann Quistorp oder den Mediziner Georg Christoph Detharding. Zu den Studenten, die später Berühmtheiten wurden, zählten Tycho Brahe, Fritz Reuter, John Brinkmann, Arnold Zweig und Uwe Johnson. Max Planck und Albert Einstein holten sich hier Ehrenurkunden ab.

Nach mehr als einem halben Jahrhundert hat der Rostocker Reedersohn und Schriftsteller Walter Kempowski in einem der kleinen Klosterhäuser aus dem 18. Jahrhundert wieder eine Adresse gefunden. Schon früh nach der Wende bot er der Stadt die Dokumente seines Lebens an. Die reagierte zögerlich, einem Verein ist die Ausstellung zu verdanken. Kernstück ist die Werkbibliothek des großen Chronisten, der mit einer von ihm entwickelten Zitier- und Collagetechnik die Vergangenheit seiner Familie, einer Reedersippe aus Rostock, und sein eigenes Schicksal in den Kriegs- und Nachkriegswirren ausführlich aufbereitet hat. Außerdem ist zu sehen: Spielzeug der Kindheit, die Stasi-Fotos des Bautzensträflings, Zigarrenkisten von *Tadellöser & Wolff*, Romanentwürfe.

Wie sehr der Fern- und Seehandel der Stadt vor allem zur Hansezeit Wohlstand brachte, davon zeugt die Marienkirche. Der größte Rostocker Kirchenbau wurde als frühgotische Hallenkirche nach französischem Kathedralschema begonnen und in der zweiten Hälfte des 13. Jahrhunderts nach dem Vorbild der Lübecker Marienkirche als querschifflose Basilika mit Chorumgang und Kapellenkranz erweitert. Der kreuzförmige Grundriss und das mächtige Westwerk, das in einer zierlichen Spitze endet, sind die architektonischen Besonderheiten der Kirche. Der figürliche Tonfries an der Westseite des Turmes stammt vermutlich noch von der 1231 erwähnten Vorgängerkirche. Hauptattraktion ist eine elf Meter hohe astronomische Uhr – die älteste funktionierende der Welt –, deren wundersame Mechanik noch nach über 500 Jahren Stunde, Tag, Zeit des Sonnenaufgangs, Stand von Sonne und Mond im Tierkreis, die Mondphasen und vieles mehr anzeigt. Jeden Mittag, Punkt zwölf Uhr, treten sechs holzgeschnitzte Apostel und Evangelisten aus der Tür ganz oben im Figurenumlauf. Sie defilieren an Christus vorbei. Nur dem Judas wird das Türchen vor der Nase zugeschlagen, und er muss bis zum nächsten Umgang um Mitternacht vor der verschlossenen Himmelspforte stehen bleiben.

Dem Himmel auch leibhaftig ganz nah kann man in der Petrikirche kommen, in der östlichen Altstadt, nicht weit entfernt, nur ein paar Schritte über den Neuen

3

Markt, vorbei am Rathaus, dessen gotische Fassade von einem barocken Vorbau beinahe verdeckt wird. Die Petrikirche ist der beste Ort, um sich aus der Vogelperspektive einen Überblick über die Stadt zu verschaffen. Wer die 196 Stufen scheut, fährt mit dem Lift. Der 117 Meter hohe Spitzhelm der Petrikirche (14. Jahrhundert), Landmarke der Seefahrer und

1 *Das Ziffernblatt der astronomischen Uhr in der Marienkirche in Rostock.* – 2 *In der Schifferkneipe Zur Kogge wird bis heute Seemannsgarn gesponnen.* – 3 *Jedes Jahr wieder ankern während der »Hanse Sail« Traditionssegler aus aller Welt in Rostock.*

1

2

3

Reformatoren wie des einst hier im unmissverständlichen Plattdeutsch predigenden Joachim Slüter, markiert den ältesten Stadtteil Rostocks. Hier, am rechten Ufer der Warnow, begann im 12. Jahrhundert, im Schutz der slawischen Burg Roztoc, die Besiedelung. Bald zog man an das höher gelegene Ufer des Flusses, und die Stadt wuchs von Osten nach Westen. In den engen Straßen und Gassen mit spätgotischen Speichern und Wohnhäusern hat die Hansestadt viel vom Alt-Rostocker Flair behalten. Zusehends wird dieses lange so vernachlässigte Viertel zu einer der interessantesten Ecken der Stadt – sowohl kulturhistorisch als auch kulinarisch. Eine der besten Adressen hier ist das »Amberg 13«, dicht an der Petrikirche. Kochkundige Seefahrer sind hier vor einigen Jahren vor Anker gegangen. Oder man kehrt ein bei Albert & Emile in der Altschmiedestraße. In dem offenen zweigeschossigen Gastraum mit den unverputzten Wänden aus dem 16. Jahrhundert wird ambitioniert französische Lebensart inszeniert.

Eigentlich kann man das Meer in Rostock schon riechen, obwohl es viel weiter entfernt ist, als es einst der prosperierenden Stadt recht war. So kauften sie 1223 vom Landesherren den vorgelagerten Ort Warnemünde, dort, wo sich die Warnow mit dem Salz der Ostsee mischt. Fürst Heinrich von Mecklenburg brauchte Geld und die Rostocker einen Zugang zum offenen Meer. Alsbald wurde aus ihnen ein starkes, seefahrendes und Schiff bauendes Geschlecht. Aus dem Fischerdörfchen Warnemünde wurde inzwischen einer der beliebtesten Flanier- und Badeorte an der Ostseeküste. Täglich schwappt Rostock in das kleine Ostseebad, mit Auto, S-Bahn oder mit dem Schiff, ergießt sich über den breiten Strand oder spaziert am Alten Strom entlang, einer wunderbar maritimen Wandelstrecke. Die Schifffahrt vom Rostocker Stadthafen dauert etwa eine Stunde. Dabei wissen die Kapitäne vieles vom Glanz und Elend der Rostocker Seefahrer-, Schiffbauer- und Fischerzunft zu erzählen. Wenn die dickleibigen weißen Fähren in Sicht kommen, die täglich vom Überseehafen nach Skandinavien ablegen, ist der Warnemünder Hafen auch schon fast erreicht. Am Alten Hafen mischen sich fröhlich Kommerz und Seemannsromantik. Viele Fischer, die sich inzwischen mit ihren Kuttern auf Tourismuskurs begeben haben, beleben mit ihren roten und blauen Booten den einstigen Mündungsarm der Warnow zu einem Bilderbuchabbild alter Hafenstädte; die Räucheröfen geben dazu den authentischen Duft. Die kleinen Häuser mit den vorgesetzten Holzveranden, den sogenannten Warnemünder Glaskästen, sind Relikte früher Badezeit. »Hier am Strom liegen liebe kleine Häuser, eins beinah wie das andere, windumweht und so gemütlich«, schwärmte schon Tucholsky. Und Fritz Reuter machte den alten Fischerort zu »Rostocks Piräus«. Das hören die Warnemünder gern. Um die Jahrhundertwende entstanden Hotels und Pensionen am

1 *Sportveranstaltungen am Strand gehören im Sommer zum Programm.* – 2 *Mecklenburgs breitester Strand: Warnemünde.* – 3 *Der Leuchtturm von Warnemünde ermöglicht einen tollen Weitblick.* – 4 *Blick auf die Skyline der Strandpromenade mit dem »Teepott«.* – 5 *Wenn die Temperaturen steigen, wächst auch die Zahl der Strandbars.*

4

5

1

2

Strand und bis 1970 auch eines der merkwürdigsten Architekturensembles der Ostseeküste. Neben dem Leuchtturm von 1898 schwingt der Teepott von 1968 wie die Berliner Kongresshalle das Dach. »Funktion ist Schönheit«, verkündet einige Schritte weiter das alte Kurhaus und heutige Casino in Neuer Sachlichkeit. Dem widerspricht das siebzehngeschossige Hotel Neptun, 1971 als sozialistische Antwort auf das »Maritim Travemünde« erbaut und damals zumeist nur für harte Währung zu mieten. Heute ist es wieder eines der teuersten Etablissements am Ostseestrand. Der grenzenlose Ausblick ist ebenso exklusiv wie das 150 Meter große Meerwasserschwimmbad des Thalasso-Zentrums.
Der breiteste Strand der mecklenburgischen Ostseeküste liegt zu Füßen von Warnemünde. Ein fast geradliniger Küstenverlauf, ideale Strömungsverhältnisse und sichere Wassertiefen machen es zu einem Seglerparadies.

Phönix aus der Asche – Hansestadt Stralsund

»Stadt der Waren-Häuser« kalauerte man lange in Stralsund über Baulücken und Lückenbau. Die prächtige mittelalterliche Stadt hatte viele Wunden zu verschmerzen. 40 Baudenkmäler zerstörte der Krieg, fast 600 raffte die DDR dahin. Bilanz der Stadtsanierer Anfang der 1990er-Jahre: 36 Prozent der Häuser sind nicht mehr nutzbar, 60 Prozent schadhaft, nur vier Prozent gut erhalten. Doch wo viel Schatten ist, ist auch viel Licht: Stralsund ist mit den Bauten vornehmlich aus dem 14. Jahrhundert, die teilweise vom Barock überformt wurden, noch immer eine Stadt von außergewöhnlichem kunst- und kulturhistorischem Rang. Das trug ihr schließlich auch gemeinsam mit Wismar den Status als UNESCO-Weltkulturerbe ein.
Unaufhaltsam steigt Stralsund aus der Asche der Zerstörung und Vernachlässigung, Narben werden bleiben, aber das Prachtvolle überwiegt. Auch dank gelungener zeitgenössischer Lückenbebauung und solcher Architekten wie Robert Mittelbach, der nach einem franziskanischen Leitsatz »Neues wächst dann, wenn es auf Altem aufbaut, ohne bei ihm stehen zu bleiben«, drei moderne Stadthäuser direkt am Chor der mittelalterlichen Jacobikirche errichtet hat. In den Straßen dieses noch vor zehn Jahren maroden Viertels retteten Enthusiasten mitunter mit mehr Respekt vor historischer Parzellierung als vor heutiger Gestaltungssatzung alte Stadtstruktur und knüpften an das heterogene mittelalterliche Stadtbild an.
Wie in frühen Tagen streben noch heute die mittelalterlichen Straßen zum Meer. »Meerstadt ist Stralsund, vom Meer erzeugt, dem Meer ähnlich. Auf das Meer ist sie bezogen in ihrer Erscheinung und in ihrer Geschichte. Ihre stillen grauen Straßen durchwandernd, hört man plötzlich seine Löwenstimme, sieht man seine Schlangenhaut blitzen«, so schwärmte einst die Dichterin Ricarda Huch. Stralsunds Handelskoggen durchfuhren den gesamten Nord- und Ostseeraum, und wichtigster Heiliger der Stralsunder Hanseaten war Nikolai, der Schutzpatron der Seefahrer, die gepriesenen Stätten waren die Handelsplätze in Visby, Riga oder Nowgorod. Ihr Rathaus war ein »Warenhaus«. Es beherrscht den Alten Markt so

3

hoheitsvoll wie die ebenfalls im 13. Jahrhundert von den Ratsherren in Auftrag gegebene Nikolaikirche, die von den Bürgern sowohl zur Andacht als auch zu weltlichen Zwecken genutzt wurde. Empfing man hier Gäste oder tagte der Rat, hatte der Pfarrer zu flüstern. 1234 wurde der deutschen Siedlung am Strelasund vom Rügenschen Fürst Witzlaw I. das Stadtrecht verliehen. Die Kolonisten aus Friesland und Flandern, aus Niedersach-

1 *Blick auf St. Nikolai, St. Jacobi und die Gerhart-Hauptmann-Schule.* – 2 *Die sorgfältig restaurierten barocken Häuschen des Stralsunder Heiligengeisthospitals sind heute eine begehrte Adresse.* – 3 *Stralsunds Sehenswürdigkeiten an einer Mauer in der Badstüberstraße.*

sen und Holstein bauten in nicht mehr als sechzig Jahren eine Stadt voller Bürgerpaläste und -kirchen, die noch heute die Altstadt ausmacht. In schützender Umarmung der hohen Stadtmauer wuchsen Reichtum und Ansehen der Stadt immer im Verhältnis zur Hanse. An der Spitze der städtischen Verwaltung stand die Kaufmannschaft. Die für ihre Autonomie wichtige Münzgerechtigkeit und Gerichtsbarkeit wurde dem Rügenfürsten abgekauft; und die Macht der päpstlichen Kaste wurde durch die ansonsten nur bischöflichen Kathedralen vorbehaltenen Doppeltürme an der Stadtkirche St. Nikolai infrage gestellt. Solch ein Sakrileg bürgerlicher Selbstbehauptung wagten ansonsten nur noch die Lübecker.

Der Alte Markt, Urzelle der Stadt, zelebriert noch heute mit kostbaren Formen in erschwinglichem Ziegelstein die hansische Dreieinigkeit von Handel, Politik und Kirche. Aus jeder Pore, aus jedem Backstein wetterleuchtet hanseatischer Bürgerstolz, der Markt ist die architektonische Erinnerung an Stralsunds glanzvollste Zeit. Die christliche Linie der Kirche – von Osten nach Westen – wurde rechtwinklig durch die Hauptachse des Rathauses gebrochen, das, nur zweigeschossig, durch prächtiges, nach den Überformungen der Barockzeit erst 1882 wieder regotisiertes Giebelwerk fast um das Doppelte erhöht wurde, sodass es mit dem Kathedralbau fast zu einer Front verschmilzt. Im Schnittpunkt der Bauten weltlicher und geistlicher Macht steht der aufmüpfige Doppelturm. Aus vierzig Krambuden boten die Händler ihre Ware an, die sie zum Teil in dem riesigen gotisch gewölbten Keller unter dem Rathausareal lagerten. Die große Handelsstraße aus Westfalen landete genau im »Buttergang« des Stralsunder Rathauses, überquerte die barocke und erst in der Neuzeit überdachte Galerie und endete am prachtvollen Hauptportal von St. Nikolai. Auch im Innenraum der Nikolaikirche demonstriert die reiche Ausstattung mehr Wirtschafts- als Glaubenskraft. Hier ist der Geist geerdet und die himmelsstrebende Gotik mit querlaufenden Bändern an den Boden gebannt, aus dem der Stoff für ihre Mauern kam. Sind von den 56 Altären der Vorreformation auch nur noch sechs erhalten, hat die Kirche St. Nikolai doch eine der kostbarsten Innenausstattungen der Gotteshäuser im norddeutschen Raum. Gewarnt durch den Kriegsbrand der Lübecker Kirchen, hatte man 1942 alle Kunstgegenstände ausgelagert. Die gotischen Schnitzbilder des Gestühlrestes der Riga-Fahrer erzählen vom Handel in Russland mit Fellen und Honig und stellen wie der Bergenfahreraltar und das Arhusfahrergestühl ein Stück Wirtschaftsgeschichte dar.

Auch die Stadtwappen über den Fenstern des Rathauses erinnern an hansische Handelsverbindungen. Zwar steht hinter dem luftigen Klöppelwerk der wimperggekrönten Giebelflächen nicht mehr als die Idee von Größe, machte doch Stralsund im Löwenschen Saal 1370 europäi-

1 *Das Rathaus auf dem Alten Marktplatz gilt als einer der bedeutendsten Profanbauten.* – 2 *Nikolaikirche und Rathaus: Weltliches und Sakrales lagen in Stralsund immer dicht beieinander.* – 3 *Aufmarsch mit Schwert und Hellebarde.* – 4 *Abendstimmung im Hafen am Heilgeist-Kanal.* – 5 *Das Mittelschiff der St. Nikolaikirche ist 29 Meter hoch.*

4

5

1

2

sche Geschichte. Es war einer der größten Tage der Hanse, an dem hier der Stralsunder Frieden unterzeichnet und so der Sieg der Kölner Föderation über den Dänenkönig Waldemar, der jahrelang gegen die Hanse-Privilegien zu Felde gezogen war, besiegelt wurde. Dieser Sieg machte die Hanse stark wie nie zuvor. Der Bürgermeister jener Zeit war Bertram Wulflamm. Sein Haus auf der gegenüberliegenden Seite des Marktes, dessen Giebel im 19. Jahrhundert abgetreppt wurde, war ursprünglich ein Abbild der Rathausfassade.
Vom Alten Markt über die von Läden und Leuten belebte Ossenreyerstraße zum Neuen Markt ist es ein Katzensprung. Linker Hand zeigt sich der prächtig mit Blenden und Maßwerk geschmückte Turm der Jacobikirche, die als Einzige der Stralsunder Kirchen im Krieg beschädigt und nun nach ihrer Sanierung als Kulturstätte genutzt wird.
Die Touristen zieht es mehr in die Stille der Marienkirche, einer monumentalen Himmelsburg, mit der die neureichen Gewandschneider der in der Nikolaikirche manifestierten Ratsherrenmacht einen Kontrapunkt setzten. Mit einem knapp hundert Meter langen und 32 Meter breiten Hauptschiff gehört sie zu den größten Bauwerken der Backsteingotik. Doch die Durchdringung von Lang- und Querhaus dämmt die gotische Unermesslichkeit der hohen Räume. Wenn allerdings die Orgel des Lübeckers Friedrich Stellwagen erklingt, die letzte Arbeit des »Silbermann des Nordens« (1653–1659), ist es, als würde sich der Himmel öffnen. Der Aufstieg auf den 105 Meter hohen Turm lohnt mit einem guten Überblick auf Stralsunds topografisch eigenartige Lage auf einem Hügel am Strelasund, umgeben von den im Mittelalter aufgestauten Teichen.
345 Stufen tiefer und ein paar Schritte über dem Marktplatz liegt ein Stück aller sieben Weltmeere in einem Kloster. Stimmengewirr der Touristenschar kündigt eines der beliebtesten Museen des Landes an. Im Innern aber herrscht andächtiges Schweigen im mystisch blauen Licht der 45 Aquarien, führt man Zwiesprache mit den Gebeinen einer japanischen Riesenkrabbe oder dem 16 Meter langen Finnwalskelett unter dem Kreuzgewölbe des Chorraums der einstigen Klosterkirche. Es war Anfang der 1970er-Jahre eine grandiose Idee, das Meeresmuseum so in einer mittelalterlichen Kirche zu platzieren, dass diese als solche noch erlebbar ist und außerdem, durch ein frei stehendes Stabwerksystem in Etagen unterteilt, die sieben Weltmeere und die Fischereigeschichte vorgestellt werden. Das einstige Dominikanerkloster ist auch Domizil des Kulturhistorischen Museums. Zu den kostbarsten Schätzen zählt der Hiddenseer Goldschatz, zu den weniger bekannten die schönen Stralsunder Fayencen.
Wer mehr über die Nordmeere wissen will, findet am Hafen das im Juli 2008 von der Bundeskanzlerin eröffnete Ozeaneum, das zu den meistbesuchten Museen Deutschlands zählt. Die vier geschwungenen, mit einem gläsernen Foyer verbunde-

1 *Hier wird ab 2015 der Wikinger Goldschatz im Original präsentiert.* – 2 *Ausstellung im Kulturhistorischen Museum im Katharinenkloster.* – 3 *Die Marienkirche stammt im Wesentlichen aus dem 14. Jahrhundert.* – 4 *Eintauchen in die Unterwasserwelt des Ozeaneums.* – 5 *Der Marienkrönungsaltar in der St. Marienkirche.*

nen Baukörper widmen sich der Unterwasserwelt der Ostsee, der Nordsee und des Nordatlantiks. Herzstück der Aquarien ist ein 2,6 Millionen Liter fassendes Schwarmfischbecken.

Zeitlose Silhouette – Hansestadt Greifswald

Das Panorama hinter den sumpfigen Wiesen der Ryckniederung im Norden der Stadt ist weltbekannt. So wie es Caspar David Friedrich einst gemalt hat, wölbt sich noch immer der hohe Himmel unbehelligt über die drei Kirchtürme von Greifswald, weiden Tiere das Gras. Ein Graureiher fliegt ins heutige Bild. Er fischt in Gräben der in den 1980er-Jahren melorisierten Wiesen, auf denen kleine Salzseen blinken. Eine längst versiegt geglaubte Salzsohle hat sich den Weg gebahnt – uralter Lebensborn der Stadt, die auf Salz gebaut ist. Keine zwei Kilometer von hier hatten schon vor 800 Jahren die Zisterziensermönche das weiße Gold in einer vom rügenschen Fürsten geschenkten Salzpfanne gesotten. Das Salz machte sie reich und stark für die Kolonisation der Gegend. Aus dem *Locus salis* wurde 1250 eine Stadt lübischen Rechts. Mit gerade 100 mal 500 Metern ist die Altstadt, vom Ryck und von den Resten der Stadtbefestigung umschlossen, noch genauso klein wie im 13. Jahrhundert. Was die romantische Silhouette aus der Ferne verspricht, kann sie auch noch beim Spaziergang auf den seit 1782 zu Promenaden verwandelten Stadtwällen am Südrand halten. Doch das Sprengfeuer eines sogenannten Forschungsprojekts für Altstadtsanierung schlug im nördlichen Stadtteil Wunden. Großflächig wurde abgerissen. Im östlichen Teil achtete man noch auf die überkommenen Grundstücksgrößen, einige alte Häuser überlebten. Am westlichen Ende der Langen Straße, die als Fußgängerpassage die Altstadt durchquert, überbaute man die historischen Dimensionen. Die Wende stoppte glücklicherweise den geplanten Exitus der historischen Mitte, die im Wesentlichen aus barock, klassizistisch und vielen neugotisch überformten Häusern besteht. Nur zwei Giebelhäuser am Markt zeigen noch die mittelalterliche Fassade. So wie die Wirtschaft war auch die Bausubstanz Greifswald ab Mitte des 15. Jahrhunderts nicht mehr von hanseatischer Durchhaltekraft. Greifswald wurde zu einer Handwerkerstadt im Dienste der Universität. Noch heute ist die Universität der größte Arbeitgeber der Region. Mehr als 11 000 Studenten leben hier. Und scheinbar alle fahren mit ihrem Fahrrad quer über die Fußgängerzone, bis spät in die Nacht. Das ist tröstlich, denn ohne sie wäre Greifswald ein zu stilles Nest. Die Stadt atmet im Rhythmus der Semester. Früher kamen viele Studenten wegen der niedrigen Lebenshaltungskosten in die Kleinstadt, so der Heimatdichter und Medizinstudent Hermann Löns. Der Dadaist Richard Huelsenbeck studierte hier Medizin, wie auch Carl Ludwig Schleich. Tagelang saß er bei seinem Freund Richard Dehmel im Hof der Medizinischen Klinik in der Loefflerstraße, deren Bauten später Vorbild für die Berliner Charité wurden. Auch Ferdinand Sauerbruch folgte dem guten Ruf der medizinischen Fakultät. Schon die historischen Gebäude der Hohen Schule demonstrierten deren Bedeutung. Der Wiener Hofbibliothek nacheifernd, erstreckt sich die Aula, einer der schönsten spätbarocken Säle Norddeutschlands, über zwei Etagen. Äußerlich zeigt das 1747 bis 1750 erbaute Hauptgebäude in der Domstraße die kühle Würde eines norddeutschen Stadtpalais. Bereits 1456 gegründet, verdankt die Universität Greifswald ihre Existenz

1 *Fischeridylle im Hafen Wieck bei Greifswald.* – 2 *Dienstags, donnerstags, freitags und samstags ist Markttag im historischen Zentrum von Greifswald.*

2

Caféhaus
Marimar

innerstädtischen Zwistigkeiten Rostocks, in deren Folge die mecklenburgische Universität nach Pommern emigrieren musste. Sechs Professoren blieben auch später in der Stadt, mit denen der Jurist und Bürgermeister Heinrich Rubenow die Alma mater Gryphiswaldensis gründete. Auf einem Tafelbild im Dom kann man sie alle sehen. Nach einem Entwurf von Friedrich August Stüler steht das Rubenowdenkmal vor dem Universitätsgebäude. In der Marienkirche, auf einem Gedenkstein, bittet Rubenow um Erbarmen für jene, die ihn im Kampf um die Macht am Silvestertag 1462 erschlugen.

Unübersehbar sind die drei gotischen Kirchen. Die älteste, die »dicke Marie« mit gedrungenem Turm, hohem Satteldach und glattem Chorabschluss, ist eine in sich ruhende Glucke, der man die Plattenbauten wie Kuckuckseier unter die Fittiche schob. Die anderen beiden stehen nur wenig entfernt in der einstigen Neustadt im romantischeren Südwesten.

Dem bescheidenen »kleinen Jacob« hat die Universität den alten Kirchplatz genommen und feiert darauf mit dem viktorianischen Denkmal ihren Gründer. Der »lange Nikolai« dagegen ist eher ein Donnerschlag der aufblühenden Handelsstadt. Der Dom addiert sich aus einem hochfahrenden Turm mit barocker Haube, einem langen Schiff und einem kleinen Chor. Ursprünglich war er als Hallenkirche erbaut, doch auch Greifswald kam im 14. Jahrhundert in den Zugzwang der Hansestädte, kraftprotzend dem Lübecker Vorbild nachzubauen. Das Mittelschiff ist seit 1833 romantisch-bleiches Geistesbild der zeitlosen wahren Kathedrale. Unter dem Einfluss von Caspar David Friedrich gestaltete der Schinkelschüler Giese den Raum, ihm zur Seite stand der Kunsttischler Christian Friedrich, der Bruder des berühmten Malers.

Die Familie Friedrich hatte in der kleinen Gasse, die auf den Kirchplatz führt, eine Seifensiederei betrieben. Die Werkstatt, in der bis in die 1940er-Jahre noch Bohnerwachs hergestellt wurde, wurde 1844 umgebaut. Das 1901 abgebrannte Geburtshaus, in dem Caspar David als sechstes von zehn Kindern geboren wurde, ist durch einen Klinkerbau ersetzt. Seit 2011 ist das Gebäudeensemble als Caspar-David-Friedrich-Zentrum öffentlich zugänglich.

2

Werke des berühmtesten Sohnes der Stadt birgt der Quistorp-Bau des Pommerschen Landesmuseums in der Mühlenstraße. Johann Christoph Quistorp war der Zeichenlehrer des Sechzehnjährigen.

»Die Krone des Tages war ein Abendspaziergang am Ryckgraben, der Mündung des Hafens, hinaus nach Eldena, wo eine der malerischsten Klosterruinen, ein einsames umhuschtes, hochgotisches Fenster mit starken Pfeilern kühn sich hervor hob …«, begeisterte sich ein anderer Romantiker, Carl Gustav Carus, an der berühmten Ruine, dem gotischen Urbild frühromantischer Sehnsucht nach Vergänglichkeit und Erneuerung. Caspar David Friedrich hatte in seinen Werken das malerische Sinnbild vom Greifswalder Stadtrand in ganz verschiedene Landschaften versetzt. Als »Ruine im Riesengebirge« ist sie in der Greifswalder Gemäldegalerie zu sehen. 1199 zogen von Dargun die Mönche, die einst aus Esrom in Seeland kamen, hierher an die Ausbuchtung des Boddens, die später nach ihnen die Dänische Wieck genannt wurde, begründeten Greifswald und bauten im 14. Jahrhundert die Klosteranlage. Die Säkularisierung machte aus ihr einen Steinbruch, bis Friedrich Wilhelm IV., der Romantiker unter den Königen, durch Friedrichs Gemälde darauf aufmerksam gemacht, eine erste Restaurierung anordnete. Die Reste sind, trotz nahe gerückter

1 *Der reich verzierte Stufengiebel des Greifswalders Bürgerhauses am Markt zeugt vom einstigen Wohlstand der Kaufleute.* – 2 *Portal der im 13. Jahrhundert erbauten frühgotischen Backsteinkirche St. Jacobi.*

Straße, noch immer von sakraler Stille durchdrungen, fordern Ehrfurcht. Einmal im Jahr wird die Ruine zum Wallfahrtsort für Jazz-Liebhaber. Hunderte pilgern den alten Treidlerpfad auf der Krone des 1872 aufgeschütteten Ryckdeichs nach Eldena, bepackt mit Decken und Picknickkörben, um schließlich im Gras bei der Ruine liegend den starken Klängen der Eldenaer Jazz Evenings zu lauschen. Seit 1887 verbindet Eldena mit dem gemütlichen Stadtteil Wieck eine

30 Meter lange Holzbrücke. Auch diese nach holländischem Vorbild gebaute Brücke ist ein beliebtes Ausflugsziel, zumal man hier in etlichen Restaurants einkehren und beim Essen dem Treiben im Hafen zuschauen kann.

Die vergessene Residenz – Wolgast

Immer wieder wird betont, dass Wolgast, eine der ältesten Siedlungen an der vorpommerschen Küste, eine echt pommersche Stadt ist. Das klingt dem Berliner wie »echt pommersche Beene«, und bei allen Hinkefüßen dieser Assoziation: Wolgast – dessen Grundriss topografisch bedingt kleiner ist als der anderer Hafenstädte der südlichen Ostseeküste – wirkt bäuerlicher, irdischer als seine Hanseschwestern.

Wolgast war von 1295 bis 1625 Residenz der pommerschen Fürsten. Auf der kleinen Insel im Peenestrom zwischen Wolgast und Usedom, an der der Urlauberstrom heute achtlos vorüberzieht, wuchs anstelle der slawischen Niederungsburg ein Schloss, das im 16. Jahrhundert zu den prächtigsten Norddeutschlands zählte. Davon geblieben ist nur ein Modell im Wolgaster Museum und ein Wappenstein in einem Pfeiler der Petrikirche. Dieser Stein war dem pommerschen Fürsten Bogislaw X. gewidmet, auf dessen Weisung hin Johannes Buggenhagen alias Dr. Pommer, der Förderer hiesiger Reformation, der später als Pfarrer in Wittenberg Martin Luthers Beichtvater wurde, die erste pommersche Geschichte schrieb. St. Petri ist die behäbige Dominante der Stadt. Philipp I. erwählte die dreischiffige Basilika (14./15. Jh.) zur Begräbnisstätte. Neun Zinksärge stehen in der Gruft. Außerdem sehenswert sind in der seit dem Brand von 1920 nur sparsam ausgestatteten Kirche ein Kruzifix aus dem 15. Jahrhundert, ein Epitaphium aus dem 16. Jahrhundert, Wandmalereien aus beiden Jahrhunderten und der Totenzyklus des Wolgaster Malers Köppe (um 1700). Zwischen Petrikirche und Hafen behauptet das helle Rathaus mit barockem Schweifgiebel den Marktplatz. Das quadratische Fachwerkhaus gegenüber, wegen seiner ungewöhnlichen Dachkonstruktion »Kaffeemühle« genannt, gibt als Museum Einblick in die Wolgaster Geschichte. An den lange vergessenen Sohn der Stadt, den frühromantischen Maler Philipp Otto Runge, dessen Werke heute vornehmlich in der Hamburger Kunsthalle hängen, wird in dessen Geburtshaus in der Kronwieckstraße erinnert. Als Runge zehn Jahre alt war, zog die Familie in das stattliche Handelshaus Burgstraße 6. Unterricht erhielt er in der Großen Stadtschule am Kirchplatz 4. Der damals frisch gebackene Rektor der Schule, Ludwig Kosegarten, erkannte schon früh, »dass der Beruf des jungen Mannes zum Künstler seit seiner Erschaffung entschieden gewesen sei«. Kirche, Museum, Museumshafen – alles liegt so dicht beieinander, dass sich in Wolgast auch ein kurzer Zwischenstopp lohnt.

1 *Die Petrikirche, Wahrzeichen von Wolgast und Zeugin glanzvoller Tage.* – 2 *Ruine des im 12. Jahrhundert erbauten Zisterzienserklosters im Ortsteil Eldena.* – 3 *Die Klappbrücke über den Fluss Ryck an der Einfahrt zum Hafen im Ortsteil Wieck.*

2

3

1

1 *Ruhebänke vor der modernen Fassade des Ozeaneums in Stralsund.* – 2 *Die hier untergebrachten Pinguine genießen den Ausblick über die Stadt.* – 3 *Fünf- und mehr (See-)Sterne-Becken im Ozeaneum.* – 4 *Japanische Riesenkrabben im Meeresmuseum Stralsund. Die Tiere können ausgestreckt über 3,5 Meter messen.*

So sähe es aus, würde Lucky Luke sein Pferd gegen ein Segelboot auf dem Fluss Ryck tauschen.

M.J.KALININ

Auf der Sonnenseite – die Inseln

Sie liegen zwischen Meer und Bodden und tragen Strände ohne Ende, zumeist aus pulverweichem weißem Sand. Sie lassen ihre Ufer sanft ins Wasser, dann wieder bäumen sie sich steil über dem Meeresspiegel auf. Und alle haben zwei Seiten, eine stillere im Süden, eine geselligere im Norden. Doch die Sonne scheint überall. Auf ihnen werden sogar die meisten Sonnenstunden Deutschlands gezählt.

Der Ausblick von einem der Ausflugsboote auf die Kreidefelsen auf Rügen macht die Schichtdicke des einstigen Meeresbodens deutlich sichtbar.

Zwischen Meer und Bodden

Poel – Fischland-Darß-Zingst – Rügen – Hiddensee – Usedom

Das Schönste in diesem Land ist zweifellos das Meer. Darin liegen fünf Inseln und jede hat ihre Eigenart. Hiddensee, die kleinste, meidet empfindlich alles Grobe. Usedom poliert die feinen Bädervillen der

Gründerzeit und wäre mit seinen Kaiserbädern am liebsten wie einst wieder die Insel der Schönen und Reichen. Poel ist und bleibt Bauernland. Die Halbinsel Fischland-Darß-Zingst gehört traditionsgemäß, zumindest stellenweise, in Künstlerhand. Rügen, die größte, hat Platz genug für Äcker und Schlosspark, für noble Bädervillen und Bauernkaten. Ob auf den Inseln Rügen und Usedom oder auf der Halbinsel Fischland-Darß-Zingst – überall kann man zwischen wenig bevölkerten Stränden und Geselligkeit wählen. Selbst die kleinen Inseln Hiddensee und Poel, die besonders Naturfreunde schätzen, haben ihre geselligen Zentren. Vor allem auf Rügen und Usedom wurde aus so manchem kleinen Fischer- und Schiffernest seit der vorletzten Jahrhundertwende ein schmucker Ferienort. Die Wasser im Süden der Inseln heißen Haff oder Bodden. Bodden sind seichte Buchten mit schmalem Zugang zum Meer. Als Haff bezeichnet man vom Meer weitgehend abgeschnittene Buchten.

Sommerinsel Poel

Längst scheint die Insel ein Teil von Wismar zu sein. Poel ist die Badewanne der Hansestädter. Nur etwa 15 Kilometer von der Stadt entfernt, trennt der Breitling, zwei sanftblaue Wasserflächen rechts und links des Damms, die Insel vom Festland. Die Insel Poel in der Wismarer Bucht hat nicht die Größe Rügens, nicht den subtilen Zauber Hiddensees oder die Noblesse Usedoms – das nur 34,4 Quadratkilometer große Eiland, das sich im Sommer mit Rapsfeldern, Kamillenblüten und Mohnblumen schmückt, ist die uneitelste der Inseln Mecklenburg-Vorpommerns. Hier regiert der Halm; der Wald wurde schon vor mehr als 700 Jahren von deutschen Siedlern weitgehend ausgerottet. Fröhlich pfeift der Wind, kaum aufgehalten von jungen Baumalleen, springt er über winzige eiszeitliche Sölle. Die Insel ist flach wie eine Flunder und lässt sich gut an einem Tag mit dem Fahrrad erkunden.

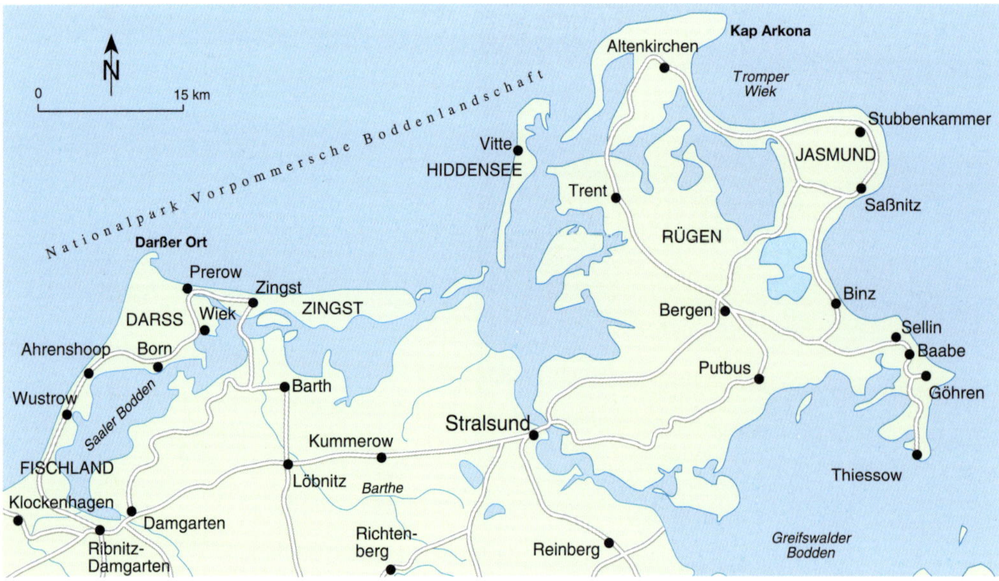

1 *Blick auf die Steilküste der Insel Poel in der Wismarer Bucht.* – 2 *Wie hier auf der Landstraße zur Insel Poel gehören Alleen zum Straßenbild auf den Inseln und dem Festland.*

1

2

1

2

Vom höchsten Punkt, dem 27 Meter hohen Kieckelberg, ist das ganze Eiland zu übersehen. Ein paarmal im Jahr wechselt es seine Farbe. Und erst im Frühsommer, wenn die Ränder der knallgelben Rapsfelder mohnrot zerfließen, stellen sich die Poeler auf die »Utlänner« ein. Poel ist eine Sommerinsel. Und »Poel ist im deutschen Vaterland fast ganz und gar noch unbekannt«, schrieb vor etwa 90 Jahren ein Gast.
Daran hat sich bis heute nicht viel geändert. Sie sind eben ein eigenes Völkchen, die Poeler. Nach dem Dreißigjährigen Krieg war es auf Poel verpönt, mit einem Menschen »ut Dütschland« zu tanzen oder ihn gar zu ehelichen, auch dann noch, als die Insel aus schwedischem Besitz zurückkam. In der Schwedenzeit wurde aus der geografischen Insellage auch jene politische und wirtschaftliche, aus der heute noch die Poeler einen Teil ihres Selbstbewusstseins ziehen. Schon 1788 bemerkte eine mecklenburgische Zeitschrift, dass die Poeler eine besondere Nation ausmachten, die sich von den Bewohnern des Festlands auch »durch Rechtsform und Sitte, in Sprache und Kleidung und durch auffallende Wohlhabenheit« auszeichne. In einer Zeit, in der auf dem Festland immer mehr Menschen in Leibeigenschaft gerieten, heirateten sich freie Bauern die Höfe groß und waren alle alsbald miteinander verwandt. Im wirren Jahrzehnt nach dem Dreißigjährigen Krieg ständig wechselnder Pfandbesitz in loser Obrigkeitshand, bewegten die Poeler ihr Schicksal selbst: Sie bauten sich neue Höfe und verteilten untereinander brachliegendes Land. Als mit den Schweden feste Führung kam, ließen sie sich das Privileg, freie Erbpächter zu sein, nicht mehr nehmen. Geradezu exotisch inmitten mecklenburgischen Bauernlegens war der Status der freien Bauern in den vier Dörfern Weitendorf, Brandenhusen, Seedorf und Wangern, die bis 1803 Besitz des Lübecker Heilig-Geist-Hospitals waren. Im Austausch mit der Halbinsel Priwall wieder nach Deutschland zurückgekehrt, prozessierten sie 70 Jahre lang und letztlich erfolgreich gegen den Versuch, in ihren Dörfern mecklenburgische Verhältnisse einzuführen. »Sün jo bannige Dickköpp, disse Poeler Fischer, männigmal ein beten to stur«, schrieb vor Jahrzehnten der Maler Karl Christian Clasen. Heute leben hier etwa 2700 Menschen in fünfzehn Orten. Durch Landwirtschaft und Fischerei haben nur noch wenige ein Auskommen. Aber zu einem inselstürmenden Tourismuskonzept war man hier auch nicht bereit. Nur ein paar neue Pensionen sind entstanden. Von ungefähr 7000 Gästebetten sind etwa 1500 auf dem Timmendorfer Campingplatz.
Doch nichts ist unveränderlich, auch keine Insel. Diese hier wandert dem Festland zu, etliche Zentimeter im Jahr. Was Wind und Wellen der Steilküste im Norden entreißen, hat sich im Süden zu einer zwei Kilometer langen Nehrung formiert. Poel ist eine Insel für Wanderer. Zehn Strandkilometer liegen zwischen den Salz-

1 *Heuernte bei Kirchdorf.* – 2 *Der Strand Am Schwarzen Busch im Norden.* – 3 *Vom Hafen in Kirchdorf stechen die Fischerboote in See, um die Insel mit frischem Fisch zu versorgen.* – 4 *Der Timmendorfer Leuchtturm.* – 5 *Gedenkstätte zum Untergang der »Cap Arkona« im Zweiten Weltkrieg.*

wiesen des Naturschutzgebiets Fauler See/Rustwerder und dem Gollwitzer Strand im Nordosten. Dazwischen liegt ein beliebter Fluchtpunkt für Nacktbader und Surfer am etwas krautigen Gefilde von Hinterwangern. Badetrubel bietet vor allem der Timmendorfer Strand, steinlos und seit dem Bau der Findlingsmole sehr breit, durch Leuchtturm und Hafen mit maritimem Flair. Bei Gollwitz ist das Wasser sehr flach. Wie eine Seehundkolonie wölben sich über der Wasseroberfläche große runde Steine. Das 300 Meter entfernte Ufer der Insel Langenwerder wäre leicht zu Fuß zu erreichen, doch haben zur Brutzeit von Mai bis Juli zum Vogelschutzgebiet nur Ornithologen Zutritt. In anderen Monaten werden Führungen mit dem Vogelwart angeboten. Hauptort der Insel ist Kirchdorf, das durch den Kirchsee, einen fjordartigen Meeresarm, direkt von der Ostsee her mit Schiffen angesteuert werden kann. Über dichte Lindenkronen hinweg ist der Kirchturm aus dem 13. Jahrhundert Landmarke und Wegweiser für ganz Poel. Die Hügel rings um die Kirche sind der Rest einer sternförmigen Festungsanlage aus dem 17. Jahrhundert. Der Emdener Baumeister Gerth Evert Piloot baute hier ein Schloss, dessen Überbleibsel nun die Hügel im Innern der Wälle bergen und aus dessen Gestein nach dem Dreißigjährigen Krieg manches Haus auf der Insel gebaut wurde. Unterhalb der Wälle schaukeln die Jachten im Kirchdorfer Hafen. Ein kleines Stück weiter erzählt eine Ausstellung im alten Dorfschulhaus von guten und schlechten Tagen auf der Insel Poel.

Künstler und Kraniche – im Fischland-Darß-Zingst

Rostbraune Segel im Blau des Boddens, Farbrausch auch auf der Ahrenshooper Kunstauktion. Natur und Kultur liegen auf dieser Halbinsel dicht beieinander. Im Norden säumen sie Steilufer und flache wilde Strände; im Süden Schilfufer, dazwischen Wiesen, Felder, Wälder, Sanddornhecken und Wanderwege.

Einst waren Fischland, Darß und Zingst noch richtige Inseln, bis im 13. Jahrhundert schließlich zwei der trennenden Flussmündungen verlandeten. Wie ein Bumerang liegt nun die fast sechzig Kilometer lange und stellenweise nur einen halben Kilometer breite Halbinselkette zwischen Ostsee und Bodden. Erst mit dem Hochwasser von 1872, als die angespülten Sandlawinen die Mündung des Prerowstroms verschütteten und Zingst mit den bereits vereinten Inseln Fischland und Darß verband, nahm sie ihre annähernd gültige Form an. Doch noch immer kämpft die Halbinsel mit den Urgewalten. Am Hohen Ufer des Fischlandes kann man an stürmischen Tagen zusehen, wie das Meer an dem ohnehin schon schmalen Inselteil nagt. Einige Kilometer weiter widerfährt dem Darßer Weststrand das gleiche Schicksal. Ungebremst von Buhnen und Steinwällen, mit denen man noch vor dem Fischland die tosenden Wellen aufzuhalten versucht, wirft sich hier das Meer

1 *Der 35 Meter hohe Leuchtturm am Darßer Ort ist nur per pedes oder Kutsche erreichbar.* – 2 *Die Zeesenboote auf dem Bodden gehören zu Fischland-Darß-Zingst wie die Wellen auf dem Meer.* – 3 *Die Seebrücke in Zingst.* – 4 *Die Äste der Strandkiefern am Darßer Weststrand flüchten vor den rauen Winden.* – 5 *Verwunschen wirkt der Auenwald.*

4

5

1

bei Sturm bis in den Küstenwald und hinterlässt am Strand vom Seewasser ausgebleichte Buchengerippe. Auch die Kiefern kommt der Platz in der ersten Reihe teuer zu stehen. Doch gibt sich das Meer nicht nur als Totengräber, es gebiert auch neues Land, denn was Wind und Wellen hier der Küste entreißen, landen sie am Darßer Ort wieder an. Das kann man gut aus der Vogelperspektive vom über hundert Jahre alten Leuchtturm auf der Darßer Nordspitze beobachten.

Über drei Kilometer wuchs in den letzten 300 Jahren der Darßer Ort in das Meer hinein. Nirgendwo sonst an der Ostseeküste gebärdet sich die Natur noch so anschaulich wild und ungestüm. »... ohne Zweifel das Härteste, was unsere (ostdeutsche, Anm. d. Autorin) Heimat zu bieten hat ... Habe ich auf meinem Pfad an den Sanddornhecken vorbei Sonne im Rücken, dräut im Voraus die schwere Regenwolkenfront. Lacht mir die Sonne ins Gesicht, ziehen sich vom Atlantik her bereits die ersten Gewitterwolken zusammen«, schrieb Inge von Wangenheim.

Weiße, schier unendliche Strände, dunkle Wälder, Orte am Meer, die schon vor über hundert Jahren Künstler in ihren Bann zogen, und verträumte Boddendörfer prägen die Halbinsel östlich von Rostock. Das alte historische Fischland beginnt dort, wo sich auf den Dünen ein Windrad dreht, zu ihm gehören die Orte Wustrow, Niehagen und Althagen. Alle drei sind ehemalige Fischerdörfer, es gab auch Bauern, Büdner und Schiffer. Allesamt erkennbar an ihren Häusern, an rohrgedeckten Bauernhäusern und Katen und an den steinernen Kapitänshäusern mit Ziegeldach, die man vor allem in Wustrow findet, der größten dieser drei Ortschaften, die 150 Jahre lang eine berühmte Navigationsschule hatte. Das alte Fischer- und Schifferdorf ist längst ein beschaulicher Badeort. Weht am Strand ein allzu rauer Wind, wandern die Gäste gern zum Boddenhafen, spazieren durch den urwüchsigeren Teil des Ortes, in dem Strandgut, Schwemmholz und Feuerstein bizarrer Gartenschmuck sind und wo noch Häuser mit zweigeteilter »Kloehntür« an gemütlichere Zeiten erinnern.

Einladend reckt das rote Kirchlein auf einem alten wendischen Burgwall seinen Turm in den blauen Himmel. Vom Umgang hoch oben hat man die schönste Aussicht. Unten entfaltet das Fischland seine Seele. Auf einem Landzipfel versteckt liegt Barnstorf mit schönen Gehöften und Kunstgalerie. Im Hafen wiegen sich die rotbraunen Segel der Zeesenboote, alte Fischerboote, die einst quer vor dem Wind treibend ihre Netze dicht über den Boddenboden schleppten und heute, frisch aufgemöbelt, Touristen über das flache Gewässer schippern.

Meerseits führt ein von Sanddorn und Hundsrosen gesäumter Weg über das Hohe Ufer. Es war ein Glück für das einst arme Fischerdorf, dass sich der Maler Paul Müller-Kaempff im Jahr 1889 entschloss, von Wustrow zu einer Erkundungstour über das Fischland Richtung Osten zu wandern und so Ahrenshoop entdeckte. »Wir hatten von seiner Existenz keine Ahnung«, schrieb er später, »und blickten überrascht und entzückt auf dieses Bild des Friedens und der Einsamkeit. Kein Mensch war zu sehen, die altersgrauen Rohrdächer, die grauen Weiden gaben dem ganzen Bild einen Zug tiefen Ernstes und vollkommener Unberührtheit ...«. Drei Jahre später siedelte sich der Maler hier an und gründete eine Sommerschule für betuchte Eleven meist weiblichen Geschlechts. Der Weg, den er über das Hohe Ufer nahm, ist längst vom Meer verschlungen, doch die Malerkolonie, die sich nun gründete, bestimmte fortan das

1 *Üppige Bauerngärten umgeben die im Stil niederdeutscher Hallenhäuser erbauten rohrgedeckten Katen von Barnstorf, einem stillen Winkel auf dem Fischland.* – 2 *Die Regatten mit den traditionellen Zeesenbooten sind ein Publikumsmagnet in der Gegend.*

Schicksal des Ortes. Paul Müller-Kaempff folgten viele andere Künstler: Friedrich Wachenhusen, der, solange sie Junggesellen waren, mit Müller Kaempff im »Charlottenhof« wohnte, im Grenzweg, dem Scheideweg zwischen Mecklenburg und Vorpommern. Elisabeth von Eicken, die als eines der wenigen Mitglieder der Künstlerkolonie über die Ahrenshooper Dorfstraße hinaus, in der sie 1894 ihr Haus bauen ließ, von Bedeutung war. In dem weißen Jugendstilbau malte sie zarte, stimmungsvolle Landschaften. Den Künstlern folgten bald die Badegäste. »Wir überreden Sie nicht, nach Ahrenshoop zu kommen, wir geben nur unsere Karte ab, auf der wir unser Konterfei zeigen. Gefällt es Ihnen? – Vielleicht erwarten Sie Tanzbars, Luxus, elegantes Leben, Klamauk, dann kommen Sie nicht zu uns, wir würden Sie enttäuschen. Ahrenshoop ist einfach. Sie finden weder mondänes Leben noch billiges Radaupublikum, dagegen viele Wissenschaftler, höhere Beamte, Künstler und gut situierte Kaufleute ...«. Noch immer gilt, was in den 1930er-Jahren der Maler, Grafiker und Bürgermeister Hans Brass verkündet hat. Auch in der Zeit des Nationalsozialismus wurde für viele die Landschaft an der See Zuflucht. Mit dem Wind immer in Bewegung, versprach sie, den erstickenden Zugriff der Ideologien zu relativieren. »Ich arbeite nicht fürs Dritte Reich, ich warte bis zum Vierten«, soll der Grafiker und Bildhauer Gerhard Marcks gesagt haben, als er sich in das Büdnerhaus am Ende des Boddenweges in Niehagen, heute Ortsteil von Ahrenshoop, zurückzog. Zwar war die hohe Zeit der Künstlerkolonie schon vor dem Ersten Weltkrieg wieder vorüber, doch konnte sich der Ort seinen elitären Ruf auch über die DDR-Jahre als »Bad der Kulturschaffenden« bewahren. Nie war man hier so stupide sonnensüchtig wie in den Ferienorten des FDGB. Johannes R. Becher, der Staatsdichter und erste Kulturminister der DDR, bevorzugte Ahrenshoop und weilte oft im Dünenhaus auf dem Schifferberg, wo einst Wachenhusen seine »Malweiber« unterrichtete. Der schlichte Klinkerbau ist heute ein Hotel. Das Erbe der Künstlerkolonie wird auf verschiedene Weise genutzt. Nicht nur, dass man mit einem Plan der Kurverwaltung die Wege und Wohnstätten der Künstler wieder finden kann. Im blauen, rohrgedeckten Kunstkaten, der bereits 1909 als Ausstellungshaus erbaut wurde, werden Retrospektiven von Künstlern gezeigt, die zeitweise in Ahrenshoop gelebt und gearbeitet haben, außerdem wechselnde Präsentationen zeitgenössischer Künstler. Der rote Holzturm an der Ecke des Strandwegs, 1929 vom Rostocker Bauhaus-Architekten Walter Butzek als Geschäft für Kunst, Kunstgewerbe und Bücher gebaut, war mit aufsehenerregenden Ausstellungen immer auch kulturelle Landmarke. Noch immer zeigt der Enkel der Gründerin Martha Wegscheider aktuelle Kunst mit regionalem Bezug und führt traditionsbewusst ein anspruchsvolles Büchersortiment und Kunstgewerbe. Das 1894/95 in der Dorfstraße vom Begründer der Künstlerkolonie Paul Müller-Kaempff als Pensions- und Atelierhaus für seine Malschülerinnen erbaute Künstlerhaus Lukas dient seit 1994 als internationales Künstlerhaus der Stiftung Kulturfonds. Es bietet jeweils fünf Stipendiaten der Bereiche Bildende Kunst, Literatur und Musik aus Deutschland und den anderen Ostseeländern für mehrere Wochen moderne Appartements zum Leben und Arbeiten. Größtes Kunstspektakel in Ahrenshoop ist alljährlich an jedem ersten Wochenende im August die Kunstauktion mit Werken von Künstlern aus Tradition und Moderne, die zeitweilig

1 *In Ahrenshoop hat Kunsthandwerk noch Tradition.* – 2 *Fasziniert von dem besonderen Licht, berauscht von der schier unendlichen Weite, ließen sich in Ahrenshoop Generationen von Malern nieder.* – 3 *Kunstkate mit traditionellem Reetdach.*

2

3

1

2

oder für immer den Reizen der Halbinsel erlagen. Darunter sind immer wieder bemerkenswerte Arbeiten von Künstlern der Gründergeneration der Künstlerkolonie. Höhepunkt im Ausstellungsprogramm der kommunalen Kunsthalle ist die Vorbesichtigung der Auktionsstücke. Im Jahr 2013 entstand für 7,7 Millionen Euro ein neues, von gefältelter Baubronze ummanteltes Kunstmuseum, das auf rund 1300 Quadratmetern die bis heute anhaltende Entwicklung der Künstlerkolonie wissenschaftlich erforscht und sichtbar macht.

Auf der Halbinsel gehen Kultur und Natur eine bemerkenswerte Symbiose ein. Gleich hinter Ahrenshoop verschwindet die Chaussee im dunklen Grün des Darßwaldes. Hier beginnt der Nationalpark Vorpommersche Boddenlandschaft. Mitten im Wald verwirrt plötzlich an einem Abhang ein Schild mit der Aufschrift »Altes Meeresufer«. Dort, wo heute mannshoher Adlerfarn und goldgelber Ginster Wanderwege säumen, wo Efeu und Geißblatt die Kiefernstämme umschlingen, schwammen nach der Eiszeit noch die Fische. An das alte, noch bis zu acht Meter hohe Kliff baute das Meer in mehreren Jahrhunderten emsig in Richtung Norden acht Kilometer Land an, den sogenannten Neudarß. Das 805 Quadratkilometer große Nationalparkgebiet erstreckt sich über den Darß sowie den Zingst bis hin zur Westrügenschen Küste und schließt große Flächen von Bodden sowie Ostsee ein. Die stillen Boddendörfer Wieck und Born liegen im Windschatten des Darßer Urwalds.

Unruhig wird es hier eigentlich nur, wenn im Hochsommer das Tonnenabschlagen beginnt. Diese Tradition wird auch noch in anderen Halbinselorten hochgehalten: ein wahres Volksfest, bei dem wilde Reiter versuchen, im vollen Galopp ihrer Pferde mit einem Knüppel eine am Seil aufgehängte Tonne zu zerschlagen. Wer den letzten Span herunterschlägt, wird Tonnenkönig. »Born hat das Land, Wieck hat den Sand, Prerow den Strand«, behauptet ein alter Spruch. »Wo die Ostseewellen trecken an den Strand …«, dichtete hier einst auch Marta Müller-Grählert. Eigentlich aber hat Prerow gleich zwei Strände. Und was für Strände! Den wilden Weststrand und den weiß und sanft ins Meer gleitenden breiten Nordstrand. Außerdem die älteste Kirche, ein hölzerner Barockbau mit von der Decke hängenden alten Schiffsmodellen und einem alten Taufbecken. Geselligster und zugleich größter Ort, fast eine Kleinstadt ist Zingst – ein stattliches Familienbad mit gleich zwei Seebrücken, Kurkonzerten und Beach-Olympiaden.

Im Herbst wird die Rügen-Bock-Kirr-Region zur Bühne für ein ganz besonderes Naturschauspiel. Stundenlang warten Vogelfreunde in den Aussichtspunkten am Boddendeich südlich von Zingst und in der Beobachtungshütte in Pramort an der östlichen Spitze der Halbinsel, die sie neun Kilometer lang über die Sundischen Wiesen erradelt haben. Eingemummelt in

3

4

5

1 und 2 *Die Hohe Düne bei Pramort ist trotz der bescheidenen 13 Meter eine der höchsten Weißdünen an der deutschen Ostseeküste.* – 3 bis 5 *Tonnenabschlagen heißt das historische Volksfest, das Einheimische und Besucher gleichermaßen anzieht.*

tarnfarbene, wetterfeste Kleidung – Fotoapparat und Fernglas im Anschlag.
Bevor der Kranich kommt, kündigt er sich durch lautes Trompeten an, das dank seiner 1,30 Meter langen Luftröhre kilometerweit zu hören ist. Wenn schließlich die erste mutige Vorhut auf Spähflug über das Wasser gleitet, ist die Spannung groß:

Werden sie zum Sinkflug ansetzen? Schon neigt sich der Leitvogel zur Seite, ein untrügliches Zeichen für einen beginnenden Landungsversuch, dann aber stößt er einen warnenden Doppelruf aus – und schwebt davon. Ein Angler im Schilf droht den Vogelliebhabern den Abend zu verderben. Wieder heißt es warten. Denn der Kranich ist scheu, es heißt, er habe auf jeder Feder ein Auge, sodass man sich ihm nie weiter als bis auf eine Distanz von 300 Metern nähern kann. Allmählich verdunkelt sich der Himmel. Dann endlich ertönt er wieder, der Ruf der Wildnis, und Hunderte von Kranichen fliegen ein.

Immer mehr Schwärme gleiten durch das Abendrot, stehen für einen Moment am Himmel wie eine japanische Tuschzeichnung und lassen sich auf ihren Schlafplätzen nieder.
Der Anblick lässt die Herzen höherschlagen. Tausende Kraniche suchen in der Dämmerung die Flachwassergebiete der Insel Kirr oder des Watts am Bock vor der Halbinsel, um sich im knietiefen Wasser zur Ruhe zu begeben. Bei Sonnenaufgang starten sie wieder zum Frühstück auf die nahen Felder. Bevor sie sich auf ihre lange Reise in den Süden begeben, fressen sie sich die nötigen Kraftreserven an.
Etwa 250 Körner braucht so ein Kranich am Tag, der mit einer Körpergröße von 1,30 Meter und einer Flügelspannweite von 2,20 Metern schließlich der größte transkontinentale Zugvogel ist. Mit Ablenkfütterungsplätzen halten die Naturschützer verärgerte Landwirte ruhig. Jedes Jahr im Oktober ziehen mehr als 60 000 Kraniche zur Rast an die Ostsee, damit nimmt gut die Hälfte aller europäischen Kraniche im Nationalpark Quartier. Bis zu 2000 Kilometer non-stop kann der Kranich fliegen – mit einer Fluggeschwindigkeit bis zu 65 Kilometer in der Stunde.

Kaum ein anderes Tier hat den Menschen so fasziniert wie dieses silbrige Fabelwesen mit Schleppe und tiefrotem Mal auf dem Kopf. In Indien werden die himmlischen Geschöpfe schon immer als Götter verehrt; in China gelten sie als deren Boten. Und in Japan sind sie Garant für ein langes und glückliches Leben.
Auch in Mecklenburg-Vorpommern freut man sich über diesen touristischen Zugvogel, den Höhepunkt der Nachsaison.

Deutschlands größte – Insel Rügen

Die mit 926 Quadratkilometern größte Insel Deutschlands, eigentlich ein Archipel aus etwa 30 Halb- und Nebeninseln, vereint das gesamte Spektrum typisch norddeutscher Landschaftsformen. Vielfältig ist auch das touristische Potenzial. Wem Ländlichkeit und Stille, der romantische Anblick der Kreidefelsen und das Pfeifen des Windes auf Wittow auf Dauer zu langweilig sind, findet in Binz Beachparty, Nachtbars und Boutiquen.
Rügen – nicht nur die größte, sondern inzwischen auch die berühmteste Insel Deutschlands – wirbt erfolgreich mit schier endlosen weißen Stränden, mit Caspar David Friedrich, mit Bäderstil, den Stieleichen von Vilm und mit dem Beginn der Deutschen Alleenstraße in Saßnitz. Dabei sind die steinalten Hünengräber, die mittelalterlichen Dorfkirchen und die antikischen Villen nur Statisten in dem wagnerianischen Naturszenarium, dessen Haupthelden Insel und Meer sind. An

1 *Kraniche auf ihrer Reise gen Süden.* – 2 *Morgenstimmung am Großen Jasmunder Bodden.*

2

1

2

Zentralrügen, den dicken Mittelteil, klammern sich die kleineren Halbinseln.
Mit dem neun Kilometer langen Arm der Schaabe hält sich die nördlichste Halbinsel Rügens an ihrer Nachbarin Jasmund fest. Wenn die Nächte nicht dunkel werden und Rauchwolken aus offenen Feuern steigen, weht über Arkona, dem nördlichsten Kap Deutschlands, Swantewits Geist. Mittsommernacht. Auf dem Kliff hoch über der Ostsee ist die heidnische viergesichtige Gottheit, das mächtigste Orakel des slawischen Stammes der Rügenschen Ranen, als hölzernes Abbild wieder auferstanden. Der Wind, der dreihundert Tage im Jahr kräftig über die von den Eismassen einst platt gehobelte, längst baumlose Halbinsel Wittow weht, trägt Wortfetzen ins Land. Bürgermeister Heinemann schiebt die Schirmmütze in den Nacken und bittet im Gartenrestaurant des ehemaligen Gutshofs zu Tisch. Es gibt sauren Hering, Sülze, Schmalz, Brot, Wildkräutersalat – alles hausgemacht.
Hier kann man Rügen »erleben, schmecken, genießen«. Jeder, der über das Katzenkopfpflaster in Richtung Kap wandert, kommt an dem alten Gutshof vorbei. In den Scheunen und Ställen bieten Korbflechter, Bernsteinschleifer, Töpfer und Kerzenzieher ihre Waren an. Nur mit Pferdekutsche, Fahrrad oder dem Arkona-Bähnchen, aber auch zu Fuß kommt man von Putgarten durch die Felder an die Nordspitze ins heilige Land, wo seit etwa 800 Jahren Gras über die Geschichte der alten Jaromarsburg wächst, mit deren Fall einst die Christianisierung über die Insel kam. Zwei Drittel der Wälle hat inzwischen das Meer gefressen. Den Rest machen Holztreppen begehbar. Das Kap war immer strategisches Sondergebiet. Über vier Meter hohe, bis zu 30 Meter lange Bunker aus DDR-Jahren wurden inzwischen zu geräumigen Ausstellungsröhren. Ringsum wurden Sanddorn, Schlehen, Holunder und Ebereschen zum Rügenschen Wildgarten gepflanzt. Den quadratischen und ältesten Leuchtturm des Bundeslands ließ der Bürgermeister längst nach den Originalplänen restaurieren. Von hier führt der alte Landweg zu einer weißen achteckigen Kapelle, die seit etwa 100 Jahren so heiter und bescheiden am Weg ins denkmalgeschützte Fischerdörfchen Vitt steht. Am kurzen Strand in der Hochuferschlucht wird Fisch geräuchert.

Wenn er nicht ausreicht, gibt es Bratwurst. Arkona ist ein Wallfahrtsort für jährlich eine Million Besucher.
Wer im Sommer auf Rügen allein sein will, der sollte früh aufstehen. Die berühmten Kreidefelsen im Nationalpark Jasmund sind ohnehin Morgenschönheiten, die, wenn sich die silbrig-dunstigen Morgenschleier heben, im Sonnenaufgang zart erröten und zu leuchten beginnen. Einmal muss man sie so gesehen haben, wie Brahms sie auch sah, der sich im Sommer 1876 jeden Morgen früh um vier Uhr von ihnen inspirieren ließ, bis er seine C-Moll-Sinfonie vollendet hatte. Kein Wunder, dass Caspar David Friedrich die Staffagestücke seiner Sehnsucht an diesem Ufer suchte. »Sinkend küsst das stille Meer/Die Sonne mit ihrem Strahlenheer/Und wirft den letzten frohen Blick/An Yasmunds Königsstuhl zurück«, beginnt eines seiner Gedichte auf den Abend an jenem Gefilde, das er mit großem Vergnügen selbst bei Regen und Wind erwanderte, begleitet allenfalls von seinem Zeichenlehrer Quistorp. Heute suchen zahllose Schwärmer den berühmten Blick, drängeln sich neugierig auf dem Aussichtsplateau des 118 Meter hohen Königsstuhl und müssen doch angesichts der immer weiter erodierenden Küste kapitulieren, die im Sturm längst eines ihrer berühmtesten Wahrzeichen verlor, die

1 *Der Herthasee: Hier sollen schon die Götter gebadet haben.* – 2 *Bei rauer See färbt sich das Wasser weiß von gelöstem Kalk.* – 3 *Der berühmte Nationalpark Jasmund lädt mit seiner vielfältigen Landschaft zum Wandern ein.*

1

2

3

Wissower Klinken. Hilflos fingert das Wurzelwerk des Waldes am äußeren brüchigen Uferrand. Kein Wellenbrecher schützt das aktive Kliff. Das natürliche Werden und Vergehen ist auch Prinzip im etwa 30 Quadratkilometer großen Nationalpark Jasmund. Das gilt natürlich nur für den Berg, die Besucher sollten unbedingt den Warnungen folgen, die ausgehöhlten Grasnarben der Kliffkanten nicht zu betreten. Auch Strandgängern kann das brüchige Steilufer gefährlich werden.
So erhaben der Anblick von oben, so furios gebärdet sich das Millionen Jahre alte Kreidekliff von unten gesehen. Wie gigantische Wellen schwingen sich die Klippen mit ihren Schaumkronen aus Buchenlaub über den schmalen Uferstreifen. Urlauber klettern über die abgestürzten Baumstämme, suchen mit den Füßen Halt im losen Strandgeröll. Steine, nichts als Steine, Feuersteine, dazwischen Klappersteine, Donnerkeile, Hühnergötter, versteinerte Seeigel, Muscheln, Schwämme, an die 1400 fossile Überreste verschiedener Tier- und Pflanzenarten sind hier schon gefunden und beschrieben worden.
Wem neun Kilometer über Stock und Stein bis nach Saßnitz zu beschwerlich sind, der kann auch auf dem schattigen Hochuferweg wandern, der streckenweise durch den 2011 zum UNESCO-Welterbe ernannten Buchenwald führt.
Schlohweiße Villen heben sich bei Saßnitz vom Grün des Waldes ab, doch erst der Blick von der Seebrücke her lässt ahnen, was einst sogar zum Vergleich mit Genua hinreißen ließ und weshalb der Dichter Fontane seiner Romanfigur Baron von Instetten die Worte in den Mund legte: »Nach Rügen reisen, heißt nach Saßnitz reisen«. Und Effi flüstert entzückt: »Ach Geert, … Hier bleiben wir.« Die Schönheit der Altstadt erinnert noch sehr an die glanzvolle Zeit, in der Saßnitz noch Badeort Nummer eins auf Rügen war. Aber die bunten Fischerboote im Stadthafen und die weißen Fähren am Horizont, die vom Fährhafen nach Dänemark, Schweden, Litauen und Russland fahren, täuschen über die schwierige Lage des Ortes hinweg, der nur noch wenige der einst über tausend Fischer ernähren kann. Saßnitz steht tief in der Kreide. Was im Doppelsinn allerdings auch eine glückliche Seite hat. Terrassenartig baut sich die Stadt in das Bergmassiv der Stubnitz. Offen gelassene Kreidebrüche durchbrechen das Grün des Panoramas. Seit über 150 Jahren wird auf Rügen Kreide abgebaut. In Klementelvitz wird noch Kreide gefördert, das meiste landet als Düngekalk auf den heimischen Feldern. Längst aber wird der 70 Millionen Jahre alte Stoff auch als Heil- und Schönheitsmittel eingesetzt.
Wer auch eine Haut haben will wie aus Samt und Seide, folgt am besten dem großen Urlauberstrom auf der Straße am sanften Küstenbogen der Prorer Wiek in das Bäderdreigestirn der Insel, nach Binz, Sellin oder Göhren. Zahlreiche Wellnessoasen bieten hier an, den Urlauber in

1 bis 3 *Seit 20 Jahren kreuzen in dem kleinen Ort Ralswiek Piraten die Klingen auf der Freilichtbühne.* – 4 *Jagdschloss Granitz inmitten der Buchenwälder.* – 5 *Außen wie eine schottische Ritterburg, innen trägt das Schloss des Grafen Douglas die Handschrift des Jugendstilarchitekten Henry van der Velde. Das Schloss Ralswiek auf Rügen ist heute ein Hotel.*

4

5

1

lauwarmen Kreideschlamm zu packen. Frisch renoviert und restauriert strahlen die Gründerzeitfassaden der Bädervillen in die neue Zeit. Der Neubau des Kempinski Hotels Bel Air am stilleren Ende der vier Kilometer langen Strandpromenade von Binz entstand auf den Tag genau ein halbes Jahrhundert, nachdem Binz 1950 »Bad der Werktätigen« wurde. Damals war das Hotel Rugard noch ein trister Plattenbau, im Haus Schwanbeck kurte der Zoll, und das feine Strandhotel Lissek war in viele kleine Wohnungen unterteilt. Damals gab es auch noch keine Animateure am Strand und noch nicht das »Hotel am Meer«, das sich Mitte der 1990er-Jahre näher als alle anderen an die Strandpromenade setzte und die alten Villen in den Schatten stellte. Im heißen Häuserkampf in Binz kämpfte jeder um einen Platz an der Sonne. Dabei wurden viele kleine Leute in die Plattenbauten am Ortsrand evakuiert und das Binzer Kurhaus noch ein Stockwerk höher gebaut als je zuvor. Glitzernde Glaslüster aus Murano, handgewebte Teppiche, im Café Glashaus klimpert unter Palmen leise das Klavier. Aus den verdösten FDGB-Oasen sind wieder schicke Badeorte geworden. Binz ist die Diva der Küste, Sellin prunkt mit der schönsten Seebrücke, Göhren, heiter hügelig, mit zwei Stränden.

Nur wenige Kilometer weiter liegt still und ländlich, einst Besitz der Mönche von Eldena, die Halbinsel Mönchgut. Dieses andere Stück Rügen, in dem man meint, die Landschaftsvielfalt der gesamten Insel in verkleinerter Ausgabe wiederzufinden, liegt halb am Meer, halb am Bodden und gehört zum Biosphärenreservat Südost-Rügen. Zwischen den Dörfern Lobbe und Thiessow liegen die feinsten Strände der Insel. In Groß Zicker hat sich die alte Dorfstruktur noch erhalten. In der Kirche aus dem 14. Jahrhundert scheint die Welt noch so still und geordnet, dass manchen das längst vergessene Beten wieder überkam. Das über 270 Jahre alte Pfarrwitwenhaus mit dem steilen Rohrdach, dem »Zuckerhut«, ist das älteste Haus auf Rügen: kleine Stübchen, eine schwarze Küche, lehmgestampfter Fußboden. Hinter dem Dorf steigen die Sandwege in eine der schönsten Landschaften der Insel, in die Zickerschen Berge. Rot schimmernde Hügelketten, die zum Boddenwasser hin schroff abbrechen. Der übermütig helle Pfiff der Rügenschen Kleinspurbahn gehört zur Insel wie das Geschrei der Möwen. Seit über hundert Jahren verbindet der »Rasende Roland« mit 750 Millimetern Spurbreite die Badeorte im Südosten mit Putbus und dem Hafen Lauterbach. Etwa eine Stunde braucht er für die 24,4 Kilometer von Göhren nach Putbus. Landschaft trödelt vorüber, an den Bahnübergängen winken lächelnd die wartenden Autofahrer. Sechzig Minuten untrügliche Gewissheit, Zeit zu haben. Beim Jagdschloss Granitz, in Garftitz und Philippshagen hält der berühmte Zug nur auf Handzeichen.

Der Putbuser Bahnhof ist so historisch wie die Kleinbahn. Über das Holpergestein aus den Hünengräbern der Insel geht es die Marienstraße bergan in den ältesten Badeort Rügens. Auf dem geglätteten Gipfel der Endmoräne wird schlagartig deutlich, was den Mythos dieser Stadt ausmacht: Der Circus! Sechzehn kleine Paläste stehen in weitem Rund, weiß, verspielt, unwirklich und unerwartet. Fürst Malte zu Putbus, der Auffälligste in der langen Nebenlinie der rügenschen Fürsten, hatte auf seinen Reisen unter anderem nach Frankreich und Italien das kunstvolle Spiel mit Architektur und Landschaft kennengelernt und seinen Traum von einer Residenz ohne Schweinesuhlen und Matschwege genährt. Und auf den Prome-

1 *Von der Seebrücke hat man einen wunderschönen Blick auf die Promenade und das alte Kurhaus in Binz, dass heute ein Hotel beherbergt.* – 2 *Die Salzwiesen im Mönchgut sind ein Eldorado für Kräuterliebhaber.*

naden von Heiligendamm reifte sein Entschluss, aus diesem Ort nicht nur eine würdige Residenz, sondern auch das erste Seebad von Rügen entstehen zu lassen.

Insel der Glückseligen – Hiddensee

Wenn die Urlauberschiffe ihre Fracht an den Häfen von Neuendorf, Vitte und Kloster abladen, wird die Insel zum Land des Lächelns. Die Hochstimmung wächst auf dem Dünenkamm und der einzigen

Straße, die die vier Inselorte miteinander verbindet. Vor den kleinen Häusern von Neuendorf flattert Wäsche im Wind, Hühner wühlen Mulden in den lauwarmen Sand, Pferdeäpfel dampfen im Gras. Hier, im Süden, liegt das 18,6 Kilometer lange Eiland meeresspiegelplatt in der See, im Norden ragt es mehr als siebzig Meter hoch aus dem Wasser. Die Urlauber radeln über die Asphaltstraße von Ort zu Ort, Sommerwind auf der Haut, umweht vom Duft wilden Thymians, Aug' in Aug' mit Rehen und Hasen. Die Räder singen auf dem Asphalt, die Felgen ächzen bei jedem Schlagloch, Grillen zirpen die Hiddenseemelodie. Vitte, der einstige Heringssalzplatz und das heutige Verwaltungszentrum der Insel, liegt lang gestreckt zwischen den Deichen. Kein Hochhaus, keine Ferienanlage, keine Kurpromenade. Hiddensee ist begehrt wegen dem, was es nicht hat: vor allem kein einziges privat genutztes Auto. Allenfalls Fahrradklingeln und das Klappern von Pferdehufen mischen sich hier mit Wellenrauschen und Möwengeschrei. Tage bedeutungsschwerer Ereignislosigkeit werfen die Menschen auf sich selbst zurück. Das hat Tradition. Schließlich war Hiddensee im Mittelalter eine Klosterinsel, ein Ort der Meditation also, wo man im Wechsel von Beten und Arbeiten, in Wiederholung und Gewohnheit gelebt hat. Heute nennt man das Erholungswert. Mit dem Fahrrad den Deich rauf- und runterkurven, langsam über die Hochuferwiesen spazieren, vom schroffen Kliff im Norden zu den flachen Salzgraswiesen im Süden – da brechen mitunter lange nicht mehr gestellte Sinnfragen auf.

So mancher Hotelwirt holt seine Gäste ganz bewusst nie vom Hafen ab: »Hiddensee-Seligkeit will erarbeitet sein, mit Fahrrad oder Handwagen. So merken die Urlauber gleich, dass die Uhren hier anders ticken«, heißt es hier. Das war schon immer so. Als sich das nordfriesische Westerland längst zur komfortablen Sommerfrische etablierte, beharrten die Hiddenseer stur auf Ursprünglichkeit.
Das spaltet bis heute die Nation in Syltfahrer und Hiddenseefans. Entweder liebt man die Ereignislosigkeit dieser Insel, oder man steht enttäuscht auf kargem Wiesenland, overdressed an Leib und Seele. Hier trägt man Wollpullover und Jeans, niemals Krawatte. Wer danach fragt, was die Insel an Wellness zu bieten hat, wird auf die lebensweckenden Kräfte des Meeres direkt vor der Tür verwiesen. Ihre Autos parken die Insulaner auf dem Festland. Wer auf Hiddensee protzen will, hat schlechte Karten, denn Leihfahrräder eignen sich nicht als Statussymbol. Die Insel hobelt alle gleich, das sortiert die Gäste, und das kann ebenso süchtig machen wie das Gefühl, unendlich viel Zeit zu haben. Da ist nichts, was man wirklich verpassen könnte. Auf der Insel Hiddensee fährt man mit dem Fahrrad den Deich rauf und runter, beobachtet Vögel in den flachen Salzwiesen, spaziert über Hochuferwiesen, wandert durch Ginster und Sanddorndickicht zum Leuchtturm am schroffen Kliffrand im Norden der Insel und trifft sich, wenn die Sonne im Meer versinkt, wieder auf dem Deich.

1 *Pferdestärken für den Transport.* – 2 *Der Leuchtturm auf dem Bakenberg von Hiddensee ist Landmarke seit 1888.* – 3 *Verdienter Feierabend für die Kutschpferde.*

2

3

1

2

Der 13 Kilometer lange Badestrand ist voller Nackedeis. Auf Hiddensee wurde schon nackt gebadet, als andernorts noch der Zwickelerlass das Strandleben reglementierte. »Nackt im Sande/purzeln Menschen, selig töricht«, dichtete schon Joachim Ringelnatz, einer der zahlreichen prominenten Gäste der Insel. Unzählige Hymnen sind dieser Insel gesungen worden. Mit der vorletzten Jahrhundertwende wurde Hiddensee Rastplatz für Künstler, bunte Zugvögel und Etablierte, die sich für eine Weile hier niederließen. Einige blieben für die Ewigkeit. Der Grabstein der Tänzerin und Choreografin Gret Palucca auf dem Kirchhof in Kloster steht nicht weit von dem des Literaturnobelpreisträgers Gerhart Hauptmann. Mehr als dreißig Sommer hatte die Palucca, eine der ersten Schülerinnen Mary Wigmans, auf Hiddensee verbracht. Sie liebte die »karge Schönheit« der Insel, die Einsamkeit. Nach Sylt reiste sie nur noch im Winter. Jeden Sommer kommen nun Studenten und Studentinnen der Dresdener Palucca-Schule für eine Woche nach Hiddensee und lassen den Geist ihrer großen Lehrerin wiederauferstehen. Im Takt der Trommel wirbeln sie, Nymphen und Faunen gleich, in wilden Sprüngen über den Deich, schweben in weiten Sprüngen über den glitzernden Brandungsstreifen. Dass der Schönheit des schmalen Eilands, das wie ein Wellenbrecher westlich vor Rügen liegt, schon so viele Strophen gewidmet wurden, liegt auch an der Eigenart seiner Gäste. Schon im 18. Jahrhundert lockten die Verse des Pfarrers Kosegarten den großen Reisenden Wilhelm von Humboldt hierher. Zwar war Hiddensee ein touristischer Spätentwickler, doch die Gästeschaft war erlesen, und noch heute genießt manch Prominenz Anonymität in rohrgedeckter Hütte. Hauptmann sprach vom »geistigsten aller deutschen Seebäder«. Abgesehen von ihm, der im Zwiespalt zwischen Ideal und Wirklichkeit einen anderen Gast, Thomas Mann, zur Figur des Mynheer Peperkorn im *Zauberberg* inspirierte, weilten hier »die schönen und schönsten Frauen, Dichterinnen, Dichter, Maler, Bildhauer, Musiker, Schauspieler und sonstige Künstler ohne Zahl und Männer klangvollster Namen auch aus allen Gebieten der Wissenschaft«. Dieser Ruf der Insel ist bis heute unerschüttert, und schwer ist zu entscheiden, in welchem Maße die Natur oder ein berühmter Name den anderen zog. Von Albert Einstein, Sigmund Freud, Alfred Kerr und Paul Kemp bis Franz Werfel, Billy Wilder und Carl Zuckmayer – unmöglich, alle Namen aufzuzählen. Es gab verschiedene gesellige Treffpunkte. Auf der damals noch unbewaldeten westlichen Dornbuschhöhe baute 1904/05 der Maler Oskar Kruse die Lietzenburg, die später sein Bruder Max Kruse und dessen Gattin, Mutter der Käthe-Kruse-Puppen, übernahmen. In den Wiesen am Vitter Seglerhafen hat Max Tauth dem dänischen Stummfilmstar Asta Nielsen ein blau-weiß gestreiftes Holzhaus erbaut. Heinrich George und Joachim Ringelnatz waren im sogenannten »Karusel« zu Gast. Nachmittags kam viel Besuch: »Dann stellten wir Tische und Stühle ins Gras … Einige Gäste blieben hin und wieder zum Abend.

Räucheraal und Flundern waren Hauptbestandteil der Mahlzeit. In dieser Gegend ist alles so einfach … Wenn die Wogen der Diskussion über den Häuptern der Künstler zusammenzuschlagen drohten, stellten wir das Grammophon an … Nirgends war man so jung, so froh und frei wie auf dieser schönen Insel«. Hermann Muthesius baute in Vitte neben dem Arzthaus ein

1 *Das Hügelland des Dornbusch im Norden Hiddensees.* – 2 *Vom Aussichtspunkt aus ist die lang gestreckte Form der Insel deutlich erkennbar.* – 3 *In ihrem »Karusel« verbrachte Stummfilmstar Asta Nielsen etliche Inselsommer.*

altes Fischerhaus aus. Otto Gebühr hatte im Schweizer Stil ein Sommerhaus in Kloster. Die Blaue Scheune mitten in Vitte existiert heute noch als Atelier und Ausstellungshaus in der 1907 durch die kunstliebende Geheimratswitwe Henni Lehmann begonnenen Tradition. Hier begründete sich 1922 der Hiddenseer Künstlerinnenbund. Elisabeth Büchsel, die bekannteste Malerin von Hiddensee; Käthe Löwenthal, Schülerin von Ferdinand Hodler, und Clara Arnheim waren Mitglieder; Käthe Kollwitz vermutlich

Sponsorin. Der berühmteste Wahl-Hiddenseer aber war Gerhart Hauptmann. »Von Tag zu Tag werden wir frischer, heiterer, sorgloser«, schrieb er. Er sorgte sich aber auch: »Hiddensee ist eines der lieblichsten Eilande, nur stille, stille, dass es nicht zum Weltbad werde!« Denn der Charme der zierlichen Insel ist zerbrechlich. Neben den länger weilenden Urlaubsgästen überfluten allsommerlich an die 250 000 Tagesgäste das schmale Land. Hauptmanns Haus Seedorn in Kloster, dem Kulturzentrum der Insel, ist heute Museum. 1885 war er das erste Mal auf Hiddensee, schrieb im Klosterweg seine *Mondscheinlerche*, und »von diesem Jahr an verflocht sich Hiddensee unlöslich in mein Schicksal«. Bevor er 1930 Haus Seedorn bezog, wohnte er in Vitte, später auf der Lietzenburg und im Haus am Meer, der 1920 erbauten Künstlerpension. Hier wohnte auch Albert Einstein und 1924, zur selben Zeit wie Hauptmann, Thomas Mann. Allerdings wurde die Insel für zwei Dichterfürsten schnell zu klein. Sind auch die Insulaner und Hauptmann nie so ganz warm miteinander geworden, war er schließlich der König von Hiddensee, sodass für die anderen Gäste »wenig Aufmerksamkeit abfiel«, wie Katia Mann verärgert die Nachbarschaft beschrieb. Auf Hiddensee vertiefte sich für Hauptmann das Inselmotiv. *Gabriel Schillings Flucht* entstand, und über den Südsee-Roman *Insel der großen Mutter* schrieb er damals: »Ich hätte sie wohl nie geschrieben, hätte ich nicht jahrelang auf Hiddensee die vielen schönen, oft ganz nackten Frauenkörper gesehen und das Treiben dort beobachtet.«

Der zuvor kahle Platz, auf dem Haus Seedorn stand, wurde nach Hauptmanns Anordnungen mit Bäumen bepflanzt, sodass ursprünglich der Blick zwischen Schreibtisch und Meer offen blieb. Das Haus, das Hauptmann mit Kreuzgang, Arbeitsraum und Terrasse vergrößern ließ, ist heute weniger dem Hauptmannschen Gesamtwerk als seinem Leben auf Hiddensee gewidmet. Die Einrichtung ist noch authentisch, und an der Terrasse wächst noch der Ableger des Efeus von George Washingtons Haus. Seit 2012 präsentiert ein neuer Ausstellungspavillon die Dauerausstellung »Literaturlandschaft Hiddensee«.
Cafés, Galerien und Gasthäuser, in denen man von Sanddorneis bis Sanddorngrog vieles aus der vitaminhaltigen Frucht bekommen kann, die die Inselbewohner im Herbst ernten, bieten in Kloster noch mehr Alternativen für Schlechtwettertage. Die alten Sommervillen geben dem Ort fast einen mondänen Charakter. Sonntags ist jeder Platz in der kleinen Inselkirche besetzt. Unterm Rosenhimmel des Kirchenschiffs schwebt ein Taufengel aus Lindenholz, herzerfrischend bauernbarock, wie der Pastor, der die Feriengemeinde zum Singen bringt. Hiddensee ist tatsächlich kein Weltbad geworden, und nur dem einen oder anderen Neubau in Vitte und Kloster ist eine gewisse Sehnsucht nach Reichtum anzusehen.
Zwischen Vitte und Kloster rahmen Wildrosenbüsche die Bucht, die sich manchmal ganz plötzlich den Blicken entzieht. Nebelschleier schieben sich vom Meer über

1 *Taufengel in der Inselkirche.* – 2 und 3 *Hiddensee kann man nur mit dem Schiff erreichen. Die Insel ist autofrei. Bei einem Tagesausflug empfiehlt sich die Mitnahme eines Fahrrades.*

2

3

1

2

das Ufer, kriechen die Dünen herauf und löschen für einen Moment den Panoramablick. Das Wetter ändert sich schnell auf Hiddensee, meist zum Besten – das Inselchen zählt zu den sonnenscheinreichsten Flecken Deutschlands. Doch bei Winden um Ost bleibt das Wasser selbst an heißen Tagen eiskalt. Da bleibt mancher lieber auf den Buhnen hocken und stippt nur den Zeh in die See. So vergeht auf Hiddensee Tag um Tag, still und überschaubar. Allmählich hört das Gedankenrad im Kopf auf, sich zu drehen.
Heute ist beinahe jeder zweite Urlauber Stammgast. Längst lobpreisen auch die mit der Wende nachgewachsenen Hiddensee-Süchtigen: die Stille, den Strand, die Heide, die Hügel und immer wieder den Wind. Und den frischen Fisch. Am Kai von Vitte fädeln die Fischer seit jeher in ihren Booten mit breiten Händen Krabben auf kilometerlange Schnüre – Köder für Aale. Alle drei Meter ein Haken und ein stummes Gebet, dass einer beißen möge. Nachmittags werden die Leinen ausgelegt, nachts kommt der Aal, wenn er kommt, und im Morgengrauen fahren die Männer hinaus auf den Bodden, die Beute einzuholen. Der Bodden liegt still in der Vormittagssonne, ab und zu kräuselt ein Windstoß das Wasser. Leere Fischkisten stapeln sich, wo sonst der Kutter vertäut ist. Endlich künden die Freudenschreie der Möwen die Rückkehr der Fischer an. Manchmal aber sind die wettergegerbten Gesichter der Männer im nassen Ölzeug finster. Zwei Tage Arbeit für einen Eimer Fisch. Den tauschen sie später gegen etwas Flüssiges ein. Längst kann auch auf Hiddensee kein Fischer mehr allein vom Fischfang leben. Sie haben ihre Häuschen mit Ferienwohnungen ausgebaut. Ferien beim Fischer, das hat Tradition auf Hiddensee. Die Männer der stolzen, aber auch hier langsam aussterbenden Zunft reden nicht viel, mit Fremden schon gar nicht. Und fremd ist selbst ein Zugezogener bis in die dritte Generation.

Badewanne der Berliner – Insel Usedom

Bevor diese Insel vornehmlich dem Vergnügen der Berliner geweiht werden konnte, war sie ein durch Kriegsstürme und Sturmfluten geschundenes, armes Bauernfischerland, auf dem im 12. Jahrhundert die Christianisierung Westpommerns begann, die zahlreiche kleine Kirchen mit höhlenhaften Gewölben im noch heute scheinbar weltfernen Hinterland verstreute. Mellenthin, Morgenitz – Namen wie aus 1001 Nacht. Die Landschaft der 1999 zum Naturpark ernannten Insel, umgrenzt von Achterwasser, Peenestrom und dem Kleinen Haff, ist sanft und vielfältig: Winkel, Haken, Heide, Bruch, Brachland, Felder, Buchenwälder, zahlreiche Seen. Sie ist hügelig wie die Usedomer Schweiz und platt wie das Thurbruch, ein von schnurgraden Gräben durchzogenes Flachmoor, das Friedrich II. melorisieren ließ. Für zwei Millionen Taler hatten die Preußen 1720 das Eiland von Schweden gekauft. Swinemünde, seit 1945 auf polnischem Staatsgebiet, wurde zur bedeutendsten preußischen Hafenstadt und 1824 das erste mondäne Seebad der Insel, die nun oft die Hohenzollern zu Gast hatte. Das lockte feinste Klientel in die am fast 40 Kilometer langen Strand entstehenden Badeorte. Usedom ist für viele ein anderes Wort für früher. Die lange Fahrt von Berlin bis zur Peenebrücke, wo schon immer die Angler

3

tagelang ihre Schnüre in die Fluten hielten. Hochbeinig ragt das Hubteil der einst modernsten Eisenbahnbrücke Europas aus dem Peenestrom. Bis zum Zweiten Weltkrieg rollte die Schickeria der Hauptstadt in zwei Stunden und 36 Minuten mit dem Zug bis nach Swinemünde und baute

1 *Nach einer langen Wanderung schmeckt ein selbst gebrautes Bier oder vor Ort gerösteter Kaffee umso besser im Garten des Wasserschlosses in Mellenthin.* – 2 *Wenn es zu kalt zum Baden ist, füttert man eben Möwen.* – 3 *Deckenmalereien in der Kirche von Mellenthin.*

bezaubernde Bäderstilvillen in den vorpommerschen Sand, wobei man in unübertroffener Fülle und Stilvielfalt Bauformen aller Zeiten unbekümmert zusammenfügte – Urlaub von der Lehre des reinen Stils. Den Schienenstrang sprengten Wehrmachtssoldaten im April 1945. Am anderen Ufer das leuchtend rote Schindeldach des Lotsenturms von Karnin, das Dunkelgrün des Usedomer Forsts, hinter sieben Hügeln schließlich die Seebäder Ahlbeck, Heringsdorf und Bansin. Endstation Sommersehnsucht. In weichem Bogen rahmt der breite Strand die See. Ein riesiger Buddelkasten. Richtung Westen hebt sich das Ufer aus dem Meer. Der höchste Punkt ist der Streckelsberg mit seinen silbrigen, efeuumschlungenen Buchen. Manchmal spielt der Wind hier nur zärtlich im Laub, manchmal wispert er mit den Halmen des Strandhafers, dann aber heult er auf und reißt wieder tiefe Wunden in den Küstenberg. Richtung Osten stehen dicht am Strand die pastellfarbenen Hotels und Pensionen der Jahrhundertwende, kaum ein Neubauklotz unterbricht die zehn Kilometer lange architektonische Heiterkeit aus Türmchen, Balkonen, Säulen und Erkern. Die Insel hat sich in den letzten Jahren verändert: Man ist wieder ganz wie früher. Wie der Zwiebelturm auf dem Bansiner Hotel Zur Post. Im Restaurant hängen Fotos an der Wand: Das Hotel 1903 und 1909, mal ohne, mal mit Turmspitze. 1953 flohen die Besitzer bei Nacht und Nebel vor der »Aktion Rose«, dem großen Enteignungsrundumschlag, der damals allen privaten Hotelbesitzern an der östlichen Ostseeküste blühte. Nach der Wende hat der Sohn Millionen in den Um- und Ausbau gesteckt. Fast alle alten Villen der Seebäder sind inzwischen saniert worden. Nahtlos verbindet die Strandpromenade die Bansiner mit der Heringsdorfer und Ahlbecker Villenzeile. Nur ein kleines Schild benennt Anfang und Ende der »Kaiserbäder«, was zwar nicht unbedingt historisch korrekt, jedoch passend die Blütezeit und den Architekturstil beschreibt.

Deren vornehmstes ist zweifellos Heringsdorf. Hier stehen in großen Parks kleine Palais. Kaiser Wilhelm II. bevorzugte die Villa der Konsulin Staudt an der Strandpromenade. Hier wohnte, wer auch in der Sommerfrische auf den Dunstkreis des Kaisers nicht verzichten wollte. Das Haus des Berliner Bankiers Oechsler gibt sich mit dunklen Granitsäulen und einer Huldigung an die Meeresgöttin als Mosaik griechisch-römisch. 1890 baute der Bankier Gerson von Bleichröder, Bismarcks Vertrauter und Finanzberater, die neoklassizistische Villa Diana. Ebenso wie die Villa des Bankiers Oppenheim wurde sie bei Machtantritt der Nazis »arisiert«. Eine Diktatur später übergaben die Russen, die Heringsdorf bis 1950 als Lazarett verriegelt hatten und am Kurplatz das heute als Casino genutzte Kulturhaus erbauen ließen, die Gebäude dem FDGB. An Tafeln

1 *Der Sommer lockt nicht nur Touristen, sondern auch viele Saisonkräfte nach Usedom.* – 2 *Ein Fischer entwirrt seine Netze im Hafen von Ahlbeck.* – 3 *Ein Sonnenbad funktioniert zu jeder Jahrezeit.* – 4 *Möwen warten auf einen Tisch im Restaurant der Seebrücke in Heringsdorf.* – 5 *Bädervillen wie kleine Paläste: In der Villa Staudt war einst auch Kaiser Wilhelm II. zu Gast.*

4

5

1

2

vor beinahe jedem Haus kann man heute ablesen, wer in diesem Ort einst von Bedeutung war. Zu DDR-Zeiten würdigte man offiziell nur Maxim Gorki, der 1922 für eine Saison die Villa Irmgard gemietet hatte. Heute wandert man auch auf den Wegen Fontanes, der sich gern ein weißes Haus auf dem Kulm gekauft hätte, nur war ihm der Ort zu teuer. Hier spöttelten Tucholsky und Simmel; Feininger zeichnete die Villa Oppenheim, hier erholten sich Heinrich Mann und Johann Strauß.
In Ahlbeck schrumpfen die Parks wieder zu Vorgärten. Statt piekfeiner Noblesse Gründerzeitnützlichkeit mit Türmchen und Erkern, doch einst elegant genug, um Gäste wie Joseph I., Kaiser von Österreich, anzulocken. Heute fließt wieder Champagner auf der Terrasse der Kaisersuite des Ahlbecker Hofs. Kristalllüster stehen hinter den Fenstern, kostbar intarsierte Kleiderschränke warten auf wohlhabende Gäste. Wer im Geld schwimmt, darf hier auch in marmornen Wannen baden.
Unbeeindruckt davon pulsiert auch das einfache Urlaubsglück an der Strandpromenade, zwischen Frittenbude, Fischräucherei und Strandcafés. Mit Gummifrosch und heißen Würstchen geht es auf die historische Seebrücke. Die vier Badeorte in der Mitte Usedoms, Zempin, Koserow, Kölpinsee-Loddin und Ückeritz, entwuchsen den zwischen Dünenwald und Achterwasser gelegenen Fischerdörfern. Behaglichkeit und Naturnähe haben hier gegenüber dem Amüsierbetrieb noch immer den Vorzug.
Gleich bei Zempin liegt Lüttenort, ein mauergeschützter, südlich anmutender Garten, der Malergarten Otto Niemeyer-Holsteins. In dem Haus, das in den 1930er-Jahren um einen S-Bahn-Waggon zu wachsen begann, schuf er als einer der bedeutendsten Maler der Ostseeküste ein umfangreiches Œuvre. Vom französischen Impressionismus und seinen Lehrern Arthur Segal und Willy Jäckel beeinflusst, schuf er empfindsame Bilder an der Grenze zwischen Gegenständlichkeit und Abstraktion. Die Farben dazu klaute er sich – laut Max Liebermann – aus dem Meer.
Im Süden Usedoms schiebt sich dickköpfig eine Halbinsel in die Wasser des Hinterlands. Alle Wege auf dem Lieper Winkel enden am Peenestrom, am Achterwasser oder an dessen schmaler Bucht, dem Krienker See. Als früher Besitz der Usedomer Prämonstratensermönche entstand im Hauptort Liepe Anfang des 13. Jahrhunderts die erste Kirche der Insel. Der heutige turmlose Bau, ein malerisches Gemisch aus Feld- und Backsteinen, ist etwa 500 Jahre alt. Noch lange hielt sich damals in diesem Winkel, dessen Name dem slawischen *lipa*, Linde, entstammt, das Wendentum. Bevor Ende des 19. Jahrhunderts die Landstraße durch das Dickicht des Usedomer Forstes gelegt wurde, blieb nur der Wasserweg. Das zwang die Bewohner, weitgehend autark zu sein. Bis in jüngster Zeit stiegen die Männer des Winkels im Winter selbst in die breiten Schilfgürtel, um Rohr für ihre Dächer zu werben.
Bis in die erste Hälfte diese Jahrhunderts hatte sich eigenes Brauchtum und der breite singende Klang ihrer Sprache erhalten. Mit den DDR-Jahren ging allerdings auch hier manches verloren. Der typische Kantenrock in der Heimatstube in Warthe ist eine Kopie. Über dem Winkel liegt immer ein wenig Melancholie. In acht kleinen Dörfern leben nur wenige Hundert Menschen – hauptsächlich Alte, die Jungen ziehen weg. Der wahrlich stillste Winkel der Insel.

1 *Das Flanieren über Mecklenburg-Vorpommerns älteste Seebrücke gehört in Ahlbeck zum täglichen Abendprogramm.* – 2 *Im Ahlbecker Hof logierten bereits Kaiser und Minister.* – 3 *Mit der Tauchglocke gelangt man trockenen Fußes zum Grund der Ostsee.*

KURHAUS
Restaurant & Bar

Das Grandhotel Kurhaus in Binz empfängt seit mehr als hundert Jahren Gäste. Von hier ist es nicht weit zur berühmten Seebrücke.

1

2

1 *Reetdächer sind typisch für die Region.* – 2 *Bunte Türmalereien wie an diesem rohrgedeckten Haus in Born sind typisch für die Darßdörfer.* – 3 *Das Darßmuseum in Prerow hat eine Sammlung historischer Schnitztüren.* – 4 *Kapitänshaus in Born.* – 5 *Reich verzierte Eingangstür in Prerow.*

Das Hinterland

Diese Gegend hat der liebe Gott dicht ans Wasser gebaut. Er legte sie zwischen Endmoränen und plattes Land und gab ihr zahllose Seen. Dann kam der Mensch und schmückte sie mit Wasserspielen, Parks und Schlössern. Er baute Kirchen und Katen – und lernte auch das Fliegen.

Das Schweriner Schloss ist seit 1990 Sitz des Landtages.

Von Dörfern und Residenzen

Seenplatte – Mecklenburgische Schweiz – Güstrow – Schwerin

Schon Bismarck wusste: In diesem Land gehen die Uhren langsamer. Angeblich wollte er sich im Falle eines Weltuntergangs nach Mecklenburg absetzen, schließlich geschehe dort alles fünfzig Jahre später. Ein Umstand, dem wir heute eine beinahe unberührte Natur, Pflanzen und Tiere in erstaunlichem Artenreichtum verdanken. Dörfer, in denen, wie zu Großmutters Zeiten, noch die Kirchtürme Mittelpunkt sind, und Kleinstädte von herzerfrischender Provinzialität hat die Zeit über Hügel und Täler verstreut und sie dann scheinbar vergessen. Wer in das Hinterland reist, betritt eine andere, längst verloren geglaubte Welt und trifft doch auf Menschen, die ihrer Zeit immer ein Stück voraus waren: Ernst Barlach und Uwe Johnson waren in Güstrow zu Hause.

Doch bläst der Atem der Geschichte langsam auch den Staub jüngster Vergangenheit fort und lässt Kuppel und Türme auf dem Schweriner Schloss wieder golden glänzen. Viele Schlösser und Herrenhäuser spiegeln wieder stolz ihre restaurierten Fassaden im Parkteich oder einem der über zweitausend Seen.

Der Seen-Rad-Weg

Mit einem Affentempo rasen die Räder Richtung Seeufer. Milliarden von Gnitzen hängen als singende Wolken in der Luft. Augen zu, Mund zu – und durch. Was, zum Teufel, tun eigentlich die Schwalben in Mecklenburg-Vorpommern? Kaum ist der Kanal überquert, zerstiebt Wind die Insektenschwärme, dafür aber geht es jetzt bergauf. »Das soll nun die Mecklenburgische Seenplatte sein«, schnauft es unter metallisch glänzenden Bikerhelmen. Auch das ist die Mecklenburgische Seenplatte – wer sein Gepäck nicht einem Rad-

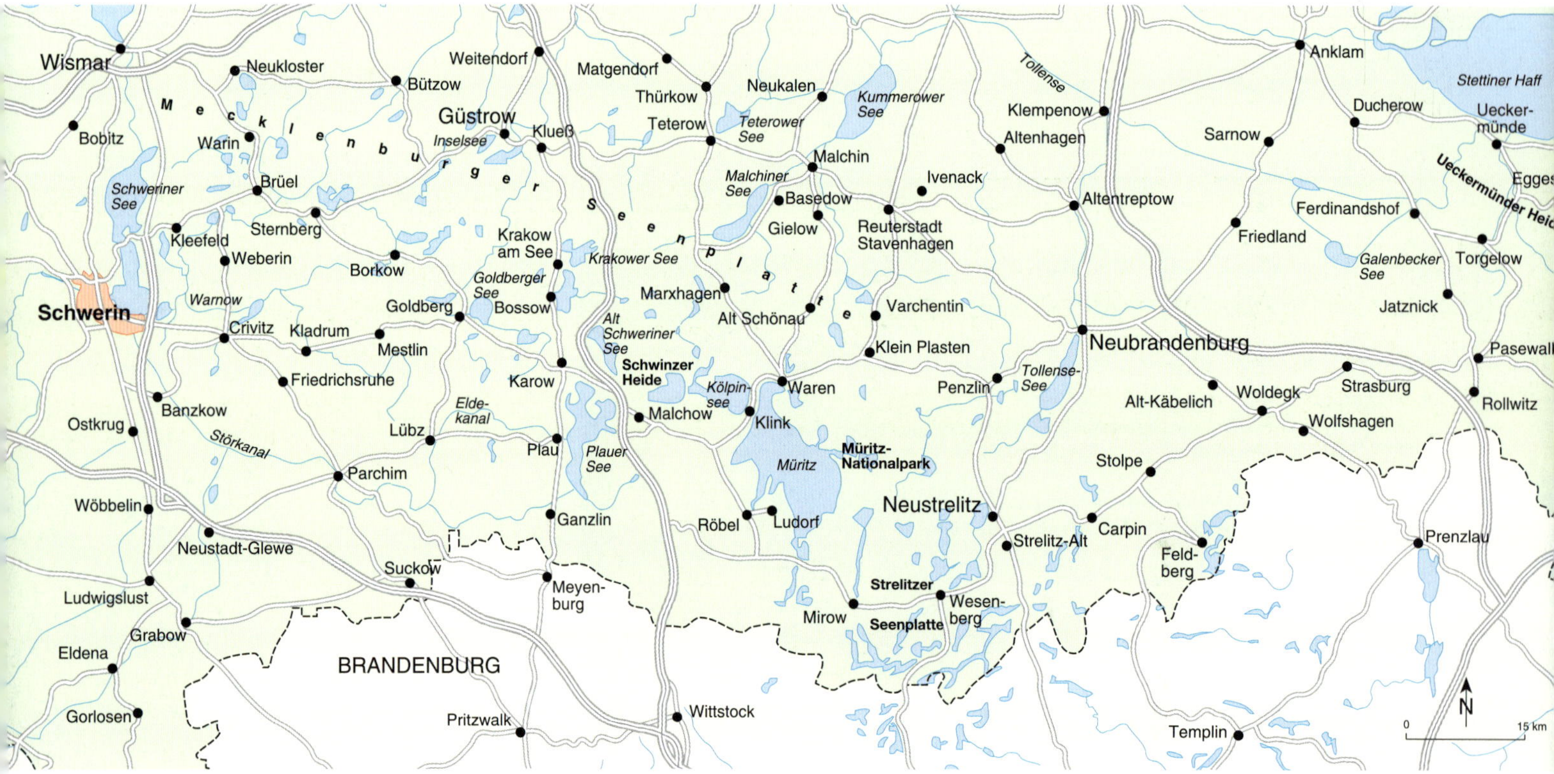

1 *Schwerins Schlossinsel. So schön beginnt das große Wasserreich Mecklenburg-Vorpommern.*

1

1

2

reiseveranstalter überlässt, kommt stellenweise ganz schön ins Schwitzen. Sieben Tage und 280 Kilometer sind es von Lüneburg bis in ihr Zentrum. Wer es im Sommer bis hierher schafft, steigt meistens nur noch vom Rad, um im See schwimmen zu gehen. Insgesamt 607 Kilometer lang ist der Mecklenburgische Seen-Rad-Weg, ein Fernradweg zwischen Lüneburg und Usedom. Vor allem aber im Gebiet der Mecklenburgischen Seenplatte zwischen Plau und Neubrandenburg erfüllt der Weg, was sein Name verspricht. Wasser, so weit das Auge reicht.

Der Mecklenburgische Seen-Rad-Weg beginnt in Lüneburg, weil seine Erfinder einen Ausgangspunkt haben wollten, der bekannt, attraktiv und mit Auto sowie Bahn gut erreichbar ist. Hinter Lüneburg geht es durch Marschen- und Geestland zur Elbe. Am anderen Ufer liegt der Naturpark Mecklenburgische Elbtalaue, ökologische Nische aus Grenzzeiten zwischen Ost und West. Auf den überschwemmten Wiesen waten die Störche scharenweise. Die Räder gleiten nahezu widerstandslos über den Deich – bis Rüterberg, dann holpern sie durch Elbwiesenland. Mit Dömitz ist das erste mecklenburgische Städtchen erreicht. Fledermäuse in den Kasematten der alten Festung, Fritz Reuter museal im Kommandantenhaus. Die Seen-Rad-Route bietet viel mehr als Wald, Wiesen und Wasser. Zum Beispiel Wein in Rattey, dem nördlichsten Weinanbaugebiet Deutschlands. Wenige Kilometer vor Dömitz hat sich die Dorfrepublik Rüterberg zum Mahnmal gegen die Unmenschlichkeit der einstigen innerdeutschen Grenze erklärt. Erst seit 1989 haben die Bewohner wieder Zugang zur Elbe und dem Rest der Welt. Wachturm und Grenzzaun blieben erhalten, auf Tafeln ist ausführlich die Geschichte des Dorfes erklärt. Gleich hinter Dömitz fegt vom Scheitel eines kolossalen Sandbergs der Wind, mit ihm ziehen die Wanderdünen von Klein Schmölln. Ein Stück weiter nördlich soll einst auch Fritz Reuter gewandert sein. Die 46 Kilometer zwischen Dömitz und Ludwigslust sind weitgehend Trockenstrecke. Mal ein Graben, mal ein Sprung über den Elde-Seiten-Kanal. Die Griese-Gegend ist eine ehemalige Heidelandschaft mit sandigen Wegen, schmalen Feldstreifen, ausgedehnten Kiefernforsten, alten Eichen, großen Dörfern, kleinen Höfen und fast keinen Touristen. Das »Land der tönenden Stille«, wie der Dichter Johannes Gillhoff sie nannte, ist noch ein weißer Fleck auf vielen Wanderkarten. Die Erde ist auffallend grau. Und doch hat sich diese Gegend auch ihre Glanzpunkte geschaffen, der schönste darunter ist mit Sicherheit die alte Residenz Ludwigslust.

Als die Sachsen, die Preußen, die Thüringer längst *avec plaisir et sans souci* ihre Nebenresidenzen mit klangvollen Namen hatten, gruselte sich Friedrich der Fromme noch immer in seinem mittelalterlichen Spukschloss in Schwerin. Doch sobald der preußische Namensvetter sich nach dem Siebenjährigen Krieg wieder auf sein Sanssouci zurückgezogen hatte, baute der mecklenburgische Friedrich in schon damals leicht antiquierter Form seine barocke Idealresidenz. Der Namensgeber des Ortes, sein Vater Christian II. Ludwig, frönte hier einst seiner Jagd- und

3

1 *Mehr Schein als Sein: Im Ludwigsluster Schloss ist vieles nur aus Pappmaschee.* – 2 *Die alte Poststation im ehemaligen Residenzstädtchen Ludwigslust.* – 3 *Die Elbtalaue bietet Störchen ideale Lebensbedingungen.*

Sammellust. Sein Sohn bevorzugte eine stille Hofhaltung in ländlicher Abgeschiedenheit und verlegte 1756 die Residenz hierher, dreißig Kilometer weitab von Schwerin. Noch bevor er mit dem Schlossbau begann, ließ Friedrich der Fromme die Kirche entstehen: ein furioses Gebäude südlicher Bauart in ganz unchristlicher Nord-Süd-Ausrichtung, da es »point de vue« in der Hauptachse des Schlosses stehen sollte. Dazwischen ein Bassin, Wassergraben und rauschende Kaskaden. Was dem Besucher heute so

selbstverständlich scheint, war damals eine Kulturtat, denn in dieser Gegend gab es alles: Wald, Wild, Sumpf und Mücken, nur kein fließendes Wasser. So ließ man die benachbarten Wasserläufe Rögnitz und Stör durch einen 28 Kilometer langen Graben verbinden, der bis heute die 24 launigen Wassersprünge im Park speist. Der 12,5 Quadratkilometer große Schlossgarten mit alten und seltenen Gewächsen gilt als der größte Mecklenburg-Vorpommerns und einer der schönsten Norddeutschlands. Prunkstück des Schlosses ist der sich über zwei Etagen erstreckende Goldene Saal. Doch hier ist nicht alles Gold, was glänzt: Hinter manch edler Fassade steckt nichts als Pappmaschee. Man traut seinen Augen kaum: Ornamente an Decken, Türen und Möbeln, Reliefbilder, Konsolen, Skulpturen, selbst die Venus von Medici nur getrockneter Brei aus den Papieren der Steuerstuben, gerührt und geklebt in der hiesigen Carton-Fabrik. Angesichts ständiger Geldverlegenheit des Herrscherhauses könnte man glauben, dieses vielseitige Material wäre hier erfunden worden, doch haben schon die alten Ägypter Papyrus zu Mumienmasken verklebt. Die breite Schlossstraße, die im rechten Winkel vom kopfsteingepflasterten Schlossplatz in die planmäßig barock errichtete, später klassizistisch erweiterte Stadt führt, flankieren Häuschen in kräftigem Backsteinrot: Blockhaus, Reihenhaus, Tüsche – Letzteres ist ein Durchgang zu den Hofanlagen – und ein paar Restaurants, mit idealen Aussichtsplätzen auf die Stadt. Im schönen, über 200 Jahre alten Landhotel de Weimar in der Schlossstraße haben schon Herzöge diniert. Heute werden hier kulinarische Traditionen Mecklenburgs fein und leicht umgesetzt. Im Glas perlt hausgemachter Holundersekt, leuchtet Sanddornsaft. Wer an Ludwigslust denkt, sieht orange. Hier oben im Norden schützt der dornige Sanddornstrauch schon seit Jahrhunderten losen Dünensand. Die Heilkraft seiner sauren Früchte aber blieb lange Zeit unbekannt. Schon eine Handvoll Beeren deckt den täglichen Vitamin-C-Bedarf. Bis man Anfang der 1940er-Jahre seine wertvollen Eigenschaften als überlebensnotwendiger Vitaminspender auch in Deutschland erkannte, waren die Zweige mit dem silbrigen Laub und den leuchtend orangefarbenen Perlen nur Tischdekoration. 1980 entstand in Ludwigslust die erste und größte Sanddornplantage Deutschlands, auf einer drei Hektar großen Fläche wurden Sanddorne angepflanzt. Heute erntet der Ludwigsluster Demeterbetrieb Sanddorn Storchennest GmbH auf 121 Hektar kargem Sandland jährlich über 100 Tonnen dieser sauren Frucht, die nicht nur zehnmal mehr Vitamin C als die südliche Zitrusfrucht, sondern noch neun weitere Vitamine enthält, vor allem Vitamin E. Der Betrieb zählt zu den wichtigsten Anbietern von Sanddornbeeren in Deutschland. Die kostbaren Beeren lässt man zu Säften, Sirup, Tees, Likören, Essig, Gelees, Fruchtschnitten, Bonbons und Naturkosmetik verarbeiten, die man direkt vor Ort oder im Online-Shop, aber auch in vielen Natur- und Feinkostläden des Landes kaufen kann.

1 *Tonnenweise erntet man auf Deutschlands größter Sanddornplantage die vitaminreiche »Zitrone des Nordens«.* – 2 *Die Flussgötter der Stör und der Rögnitz bewachen die größte Kaskade Norddeutschlands.* – 3 *Eine steinerne Brücke führt über den Ludwigsluster Kanal, der die Wasserspiele im Park speist.*

2

3

1

Den Reisestaub der folgenden Kilometer wäscht der See von Neustadt-Glewe vom Leib. Schön ist der Blick vom Bergfried der Alten Burg, dem ältesten Profanbau Mecklenburgs, der sein heutiges Aussehen im 14. bis 16. Jahrhundert erhielt. Bis Parchim stellenweise an der Elde entlang, nähert sich der Radwanderweg immer mehr seinem Namen. Zuvor aber, zwischen Lübz und Plau, kreuzt er die Mecklenburgische Lehm- und Backsteinstraße, ein ehrgeiziges touristisches Projekt in einer stillen, dünn besiedelten Landschaft. Endmoränenhügelchen treffen auf plattes Land. Mit dem Ziel, den Dingen ihre Einfachheit zu lassen, schuf man hier Biotope und Naturschutzgebiete. Ganze Backsteinensembles und Lehmhäuser wurden gerettet. Im restaurierten Lehmfachwerkhaus aus dem 18. Jahrhundert, dem »Ülepüle« in Retzow, kann man heute Frauen beim Weben und Filzen zusehen. Ihre Produkte sind inzwischen auch in New Yorker und Tokioter Boutiquen gefragt. Aus einer alten Scheune entstand in Gnevsdorf das einzige deutsche Lehmmuseum. 1995 reanimierte man die alte Ziegelei Benzin, ein über die Region bedeutendes Stück Industriegeschichte, als produzierendes technisches Denkmal. So wurde hier Schritt für Schritt neue Identität durch die Wiederbelebung ursprünglicher Strukturen geschaffen. Die Lehm- und Backsteinstraße ist eine Strecke der Kleinode: Kirchen, Katen und seltene Käfer, blühende Gärten und neuerdings auch ein unterirdisches Labyrinth. Der ernsten, einsamen Landschaft folgt schließlich Plau. Von nun an wird die Strecke zum wahren Seen-Rad-Weg. Nach 27 Kilometern tauchen die Kirchtürme von Röbel auf. Der Hügel unter der mittelalterlichen Marienkirche war Ausguck der Slawen, die aus den russischen Wäldern kamen, um hier ihren krausköpfigen Gott Robole und den See zu ihren Füßen zu ehren: »morze«, »das kleine Meer«, die Müritz. Nach weiteren 40 Kilometern ist endlich Waren erreicht. Hier kann, wer es nicht mehr bis zum Hafen schafft, sich gleich in die Wellen des Volksbads stürzen. Am Jachthafen pulsiert die bunteste Kneipenszene der gesamten Mecklenburgischen Seenplatte. Waren ist touristischer Knotenpunkt der Mecklenburgischen Seenplatte und, in Etappen gerechnet, Station in der Mitte des Mecklenburgischen Seen-Rad-Weges. Am siebten Tag der Reise darf zumindest das Auge ruhen. Auf der einen Seite des Weges der große See, auf der anderen ein Rapsblütenmeer. Seeadler kreisen überm Picknickplatz. Ihr eigentliches Revier ist der Müritz-Nationalpark am gegenüberliegenden Ufer.
Die Landschaft bei Rechlin zeigt Spuren aus jüngerer Vergangenheit als Erprobungsstelle der deutschen Luftwaffe bis 1945. Hier soll auch Heinz Rühmann das Fliegen gelernt haben. Später benutzte die Rote Armee das Areal als Übungsplatz. Heute findet man hier ein Luftfahrttechnisches Museum. In Mirow wird es wieder friedlich mit romantischen Seen und Adelsnähe. In der Fürstengruft der Johanniterkirche und auf der kleinen Liebesinsel ruht die Dynastie der winzigen Fürstenschaft, auch Adolf Friedrich IV., der durch den Nationalpoeten Reuter als »Dörchläuchting« und den Glasdeckel seines Sarges eine gewisse Unsterblichkeit bekam. Das Mirower Schloss, in dessen Innenräumen sich bis heute große Teile der kostbaren Raumausstattung aus Zeiten der verwitweten Herzoginnen erhalten haben, wurde saniert. Die Wiedereröffnung seiner schönen Räume im opulenten und verspielten Stil des Barock und Rokoko war Höhepunkt im Schlösserjahr 2014. Hofgeschichten erzählt auch die Residenzstadt Neustrelitz. Barock zeigt sich

1 *Rings um die Müritz wuchsen Kleinstädte wie das idyllische Röbel. Die malerische Stadt besticht durch zahlreiche bunte Fachwerkhäuser und zwei markante Backsteinkirchen.* – 2 *Nachwuchshistoriker im Fischereimuseum von Waren.*

die Stadt am besten beim Blick auf das axiale Straßensystem vom dicken Turm der Stadtkirche aus. Vieles ist inzwischen klassizistisch wie die Orangerie, neugotisch wie die Schlosskirche oder verschwunden wie das Residenzschloss, das in den letzten Kriegstagen abbrannte und später komplett abgetragen wurde. Doch der Schlossgarten zählt zu den schönsten des Landes. Die Plastiken in dem kleinen Park nahe dem Zierker See sind zum größten Teil Kopien antiker Kunstwerke.

Auf einer künstlichen Anhöhe entstand 1891 die antikisierende Gedenkhalle für die preußische Königin Luise, Tochter des Mecklenburg-Strelitzer Fürstenhauses. Eine weitere bedeutende Stadt der Region ist Neubrandenburg an der Nordspitze des Tollensesees. Die drittgrößte Stadt Mecklenburg-Vorpommerns wurde 1248 gegründet. Wie prächtig sie einst war, davon zeugt noch die zwei Kilometer lange Stadtmauer, die den 1945 fast völlig zerstörten Stadtkern umschließt. Schnell taucht man wieder in Landschaft ein, gleich hinter Neubrandenburg liegt die verträumte Datzenniederung, schön ist das Landschaftsschutzgebiet Brohmer Berge, mit einem plötzlich aus der Ebene aufspringenden 152 Meter hohen Berg, einem eiszeitlichen Naturphänomen. Noch zwei Städte streift die Route, bevor sie auf die Insel Usedom führt: Ueckermünde, die gemütliche Hafenstadt mit einem Museum im Renaissanceschloss, und Anklam, Geburtsort Otto Lilienthals. Er kam hier 1848 als Sohn eines Tuchhändlers zur Welt. Mithilfe seines Bruders konstruierte er Gleitfluggeräte, bis ihn ein Windstoß für immer vom Himmel holte. Seinen Traum vom Fliegen veranschaulicht das Anklamer Otto-Lilienthal-Museum etwa mit zahlreichen Flugapparaten, originalgetreuen Kopien der Lilienthalschen. Wie kompliziert der Weg in die Lüfte war, kann man hier experimentell selbst erfahren.

Wasser, so weit das Auge reicht – die Seenplatte

Das Land zwischen Schwerin und Neubrandenburg liegt mehr am Wasser, als es die immerhin hundert Kilometer Entfernung zur Ostsee ahnen lassen. Das Konglomerat von blauen Flächen, Linien und amöbenähnlichen Gebilden auf der Landkarte erweist sich als schier nicht zu bewältigende Wassermasse selbst dann, wenn man den ganzen Jahresurlaub nimmt, um über die zweitausend Seen zu schippern. Wasserwanderer verlieren sich auf den großen, kleinen, verwinkelten, hinter Wäldern und Hügeln versteckten, weitläufig untereinander verbundenen Grundmoränen-, Rinnen- und Beckenseen. Die Berliner kommen über die Müritz-Havel-Wasserstraße, die Hamburger über den Elde-Müritz-Wasserkanal – sie fahren bei Dömitz an der Elbe bis Waren an der Müritz 150 Kilometer durch Landschaft und alte mecklenburgische Städte wie Plau und Malchow, überwinden 49 Meter Gefälle und siebzehn Schleusen. Viele leihen sich auch Boote vor Ort. In traumseliger Symbiose verschmelzen hier Wasser und Land. Dörfer duften nach Kindheit und Kamille. Die alten Ackerbürgerstädte sind von herzerfrischender Provinzialität. Die Müritz ist das Herzstück der Mecklenburgischen Seenplatte und mit 116,8 Quadratkilometern der größte deutsche Binnensee. 28 Kilometer lang, bis zu dreizehn Kilometer breit, gibt sie sich stellenweise uferlos. Und bei plötzlichem Nordost ist sie für kleine Boote mordsgefährlich. »… ich habe vor, die Berliner Sommerfrischler auf dieses prächtige Stückchen Erde aufmerksam zu machen. Die Müritz ist nämlich so was

1 *Fischer Stephan Steinbeck fährt auch an kalten Novembermorgen auf die Müritz raus, um seinen Fang einzuholen.* – 2 *Neubrandenburgs Stadtmauer kündet vom einstigen Reichtum seiner Bewohner.* – 3 *Das Friedländer Tor in Neubrandenburg.*

2

3

1

wie ein Meer, wie der Tanganjika-See. Die Luft ist wundervoll, je nachdem wie der Wind steht: feuchte Seebrise oder Fichtenduft«, schwärmte schon Fontane und nahm 1896 einen Sommer lang Logis in den Warener Ecktannen. Die Villenstraße in Waren, die heute Fontanestraße heißt, wurde zur exklusiven Sommerfrischlerkolonie. Mit dem Lloydbahnanschluss Ende des 19. Jahrhunderts waren die Berliner in knapp zwei Stunden in Waren. Das hier ist also traditionelles Naherholungsgebiet der Großstadt Berlin. 1845 fuhr der erste Dampfer, vom Erfinder der Hochdruckdampfmaschine Ernst Alban konstruiert, über den zweitgrößten See der Region, den Plauer See. Plau ist mit 750-jähriger Kirche, dickem Burgturm und kleinen Gassen eines der bemerkenswertesten Städtchen im Herzen der Mecklenburgischen Seenplatte. Schon die alten Slawen wussten den Ort an jener Stelle zu schätzen, wo der Fluss Elde in den See mündet. Sie bauten eine Siedlung und nannten sie Plawe: Ort am Wasser. Bis heute lebt der Ort von der herrlichen Lage zwischen Wald, Wiesen und Wasser. 1885 begann der Kurbetrieb. Noch immer flanieren vor allem großstadtgestresste Berliner durch den verträumten Ort, dessen Fachwerkhäuser sich in der Elde spiegeln. Sie bummeln zwischen historischer Hubbrücke und »Hühnerleiter«, einer alten Schleusenbrücke, und schauen den Schiffen beim Schleusen zu. Ausflugsdampfer bringen sie zum südlichsten Zipfel des Plauer Sees, zur Seeluster Bucht, etwa fünf Kilometer außerhalb der Stadt, dem traditionellen Ausflugsgebiet mit ansehnlichen Gasthäusern direkt am Ufer. »Wie in Masuren«, sagen die Alten; »Kanada ist nur größer«, meint die jüngere welterfahrene Generation. Der 34 500 Hektar große Naturpark im Südosten der Mecklenburgischen Seenplatte gilt als »Freilichtmuseum eiszeitlichen Geschehens«. 69 Gewässer, größer als ein Hektar, werden inmitten der idyllischen Endmoränenlandschaft gezählt. Der Boden ist hier so steinig, dass die Felder Teststrecke für Landmaschinen waren. Der Breite Luzin ist – nach dem Schaalsee – mit 58 Metern der zweittiefste See Mecklenburgs. Maränen und Fischotter soll es in dieser Gegend noch geben. Canyonartig durchquert der sieben Kilometer lange, glasklare Schmale Luzin eine etwa sechzig Meter tiefe Rinne. Nur den hiesigen Fischern ist es erlaubt, mit Motorbooten für einen Moment die himmlische Ruhe zu stören. Der Amtssitz dieser »schönstgelegenen Sommerfrische« (Rudolf Virchow) ist das ländlich-sittliche Städtchen Feldberg. 105 Stufen unterhalb der Stadt bringt ein Fährmann die Wanderer auf die andere Seite des Schmalen Luzin. Oft ist auch Hans Fallada den etwa zwei Kilometer langen, von Brombeerbüschen, Schlehen und Ginster gerahmten Landweg von Hullerbusch nach Carwitz gegangen. Nach dem großen Erfolg seines Buches *Kleiner Mann – was nun?* und einer Verhaftung durch die Nazis aus der Bahn geworfen, zog Fallada im Jahr 1933 auf An-

2

3

4

1 *Zahlreiche Wanderwege durch Birkenwälder laden zum Verweilen und Entspannen ein.* – 2 *Imker Reinhard Neumann inmitten eines Blütenmeers, dem Quell seines Landhonigs.* – 3 *Beim Angeln in Rechlin kann man sich herrlich entspannen.* – 4 *Die naturnahen Gebiete unterliegen bis heute einem ständigen Wandel.*

raten und mithilfe des Rowohlt-Mitarbeiters Peter Zingler weg von Berlin in die alte Büdnerei 17 am Ufer des Carwitzer Sees. »Mahlendorf (Carwitz) liegt ganz abseits, keine größere Straße führt auch nur in der Nähe vorbei, keine Fremden, kein Durchgangsverkehr bringt frisches Leben in den Ort. Mahlendorf liegt auf einer Halbinsel, auf allen Seiten von Seen umgeben«, beschrieb Fallada 1943 in *Heute bei uns zu Haus* den Ort, der dem Rastlosen Ruhe bringen sollte. Fallada schuf in den elf Carwitzer Jahren einen bedeutenden Teil seines epischen Werkes. Aus der Büdnerei machte er eine Landvilla, die heute als Fallada-Museum öffentlich zugänglich ist.

Die buckelige Mitte – Mecklenburgische Schweiz

Diese eine der weltweit etwa 180 »Schweizen« huckelt um die hundert Meter hoch auf ziemlich kleinem Raum nördlich der Mecklenburgischen Seenplatte, die genauso wenig platt wie die Mecklenburgische Schweiz schweizerisch hoch ist. Ackerfurchen umkreisen die baumbewachsenen Hügelkuppen; in den Tälern zahllose Sölle und kleine Seen, die an den mecklenburgischen Spruch von Gottes zerbrochenem Spiegel erinnern. Eine genaue Begrenzung der Landschaft kann kaum jemand nennen. Sie liegt etwa zwischen Krackow am See und Dargun. Um den Hauptstadtrang rangeln idyllische Nester wie Malchow und Teterow. Der Schmockensberg mit 128 Metern und der Schlanke Berg bei Retzow mit 125 Metern sind die höchsten Erhebungen der plattdeutschen Schweiz, deren Besteigung aber wegen begrenzter Aussichtsmöglichkeiten weniger lohnt als die des Rötelbergs (96,4 Meter), dessen Rundblick schon in alten Wanderführern als einer der schönsten Mecklenburgs genannt wird. Ursprünglich galt die Bezeichnung Mecklenburgische Schweiz nur für den Raum um den Malchiner See. Schnell breitete sie sich nach Norden, Osten und Westen aus. Der werbewirksame Slogan entstammt in diesem Fall dem schwärmerischen Ausspruch des Erbprinzen Georg von Strelitz anlässlich der Grundsteinlegung eines Schlosses auf dem Buchenberg im Jahr 1811: Diese sei nun seine Mecklenburgische Schweiz. Nur in den Jahren, in denen den Deutschen Deutschland über alles ging, musste sie sich wieder als Mecklenburgisches Hügelland bescheiden.

Das Schloss, die Burg Schlitz, jedoch gehörte dem Freiherrn von Labes-Schlitz – Adoptiv- und Schwiegersohn des preußischen Ministers und Grafen von Schlitz. Er kultivierte als Mitbegründer der Mecklenburgischen Landwirtschaftsgesellschaft die Wirtschaft auf dem Gut und versuchte sich am sechzig Hektar großen Schlosspark autodidaktisch als Landschaftsgestalter. Ein Park, der unmerklich in die freie Natur übergeht, voller wunderlicher behauener und unbehauener Steine ganz im Geiste des empfindsamen Zeitalters patriotisch-philosophischen und familiären Sinngehalts. Exotische Gehölze stehen nur nahe dem Schlossbereich. Im Schatten uralter riesiger Bäume tanzen Nymphen, sichtlich froh, dem Innenhof des Berliner Kaufhauses Wertheim entronnen zu sein. Der zauberhafte Jugendstilbrunnen zog 1930 beim Schlossherrenwechsel mit dem Direktor der Deutschen Bank und Vizepräsidenten des Deutschen Reichstags von Strauß auf den Schlossberg. Heute gilt die Burg Schlitz als eine der edelsten Herbergen des Landes. Eingebettet in Hügel und Täler und oft dicht an einem See findet man einige solcher inzwischen touristisch genutzter Kleinode in der Mecklenburgischen Schweiz: etwa Schloss Kittendorf

1 *Von allen Fenstern seines Hauses in Carwitz sah der Schriftsteller Fallada aufs Wasser.* – 2 *Im Speisesaal im Landpalais Burg Schlitz erwartet den Gast ein stil- und anspruchsvolles Ambiente.*

2

1

2

und Schloss Groß Plasten, beide aus der zweiten Hälfte des 19. Jahrhunderts, die edle klassizistische Dreiflügelanlage Schorssow am Westufer des Malchiner Sees und das Renaissanceschloss Ulrichshusen, das Helmuth Freiherr von Maltzahn, direkter Nachfahre des bis 1194 zurückverfolgbaren mecklenburgischen Adelsgeschlechts, wieder aufbaute.
Der erste Schriftsteller, der als Mecklenburger über die Landesgrenze hinaus prominent wurde, war Fritz Reuter. Wer heute etwas Tiefgründiges über Mecklenburg sagen möchte, beruft sich gern auf ihn. Der ehemalige Landwirtschaftsadjudant aus Stavenhagen hatte den sprachlichen Dualismus dieser Landschaft mit seinem »Missingsch«, einer Mischung aus Nieder- und Standarddeutsch, gleichsam geadelt. Reisen mit dem niederdeutschen Dichter Fritz Reuter heißt, tief in »de Urgeschicht von Meckelnborg« einzudringen. Gerade in der Mecklenburgischen Schweiz ist Reuter allgegenwärtig. Im Alten Rathaus von Stavenhagen wurde er 1810 geboren. Urgemütlich dominiert die doppellebensgroße Bronze (1911, Wandschneider) des väterlichen Reuter im Armlehnsessel die zierliche Barockfassade des Hauses. Wie bewegt das Leben des mehr patriotisch als patriarchalisch gesinnten Dichters war, zeigt die Ausstellung in seinem Geburtshaus. »Hartlich willkamen in't Fritz-Reuter-Literaturmuseum.« Die Gäste hier werden auf Niederdeutsch begrüßt. Eine mehr als zwanzig laufende Meter umfassende Bibliothek lässt schon optisch auf ein reges Schaffen des Dichters schließen. 15 000 Bände sind dort sorgfältig einsortiert. Darunter natürlich auch die berühmtesten Werke wie *Ut mine Festungstid*, *Läuschen und Rimmels* und *Kein Hüsung*. Im Museumsshop kann man sogar die eine oder andere Erstausgabe erwerben.
Das ackerbürgerlich-kleinstädtische Fluidum Stavenhagens gab Reuter, der nach Studium und darauffolgender siebenjähriger Festungszeit wegen Zugehörigkeit zur umstürzlerischen Jenenser Burschenschaft Germania für viele Jahre in die nahe Umgebung Stavenhagens zurückkehrte, Figuren und Schauplätze für seine Werke.

Das Urbild des Onkel Bräsig, der wohl eindringlichsten Reuterschen Gestalt mit derselben Vorliebe für Rotspon wie der Dichter. Der Inspektor Schecker ruht fünf Kilometer südlich von Stavenhagen auf dem Friedhof von Jürgenstorff. An der Hand seines Onkels besuchte der Knabe Fritz oft das vier Kilometer entfernte Ivenack und schwärmte später in seinem Vorwort zu *De Reis nah Bellingen* von der Oase, die »ihr vom Laub tausendjähriger Eichen umkränztes Haupt in dem flüssigen Silber des Sees spiegelt«. Tausendjährige Eichen stehen noch immer im Tiergehege von Ivenack, das mit Schloss, Kirche, Orangerie und Teehaus die typische Anlage eines mecklenburgischen Herrensitzes ist. Die älteste ist 1200 Jahre alt und 35 Meter hoch. 1842 begann Reuters Landmannszeit, seine »Stromtid«, im Gutshaus Demzin, einem der vielen Rittergüter der Familie von Hahn, deren Bekanntschaft während einer Geburtstagsfeier der Gräfin Agnes auf dem Stammschloss Basedow, östlich vom Malchiner See, Reuter zu einer Adelssatire anregte. Vom 16. bis zum 19. Jahrhundert erbaut, wurde es 1835 von Peter Joseph Lenné mit einem großen Landschaftsgarten verschönt. Sechs Kilometer südlich von Demzin, im Pfarrhaus der frühgotischen Backsteinkirche von Rittermannshagen, begegnete Reuter 1845 seiner späteren Frau Luise Kuntze.

1 *Das Renaissanceschloss Ulrichshusen steht im Zentrum der Musikfestspiele Mecklenburg-Vorpommern.* – 2 *Hier kommt sie her: schmackhafte Milch von glücklichen Kühen.* – 3 *Das Fritz-Reuter-Denkmal vor dem Literaturmuseum in Stavenhagen gedenkt des Dichters und Schriftstellers.*

Kleinstadt mit Größen – Güstrow

»Was habe ich mich verfiert in Güstrow!«, schrieb Uwe Johnson im August 1982 aus Sheerness an den Güstrower Jugendfreund Heinz Lehmbäcker. Ihm, dem Ortskenner, ist es da nicht anders ergangen als manchem Fremden. Aus Hochstraße und anderen erklügelten Straßenverläufen ergibt sich ein magischer Schutzwall um die Altstadt, die doch längst keine echte Stadtmauer mehr hat. Unnahbar erscheint Fremden anfangs die Stadt, einigen Vertrauten wie Ernst Barlach und Uwe Johnson ist sie zeitlebens fremd geblieben. Güstrow ist eine Kleinstadt mit Größen. Bieder Bürgersinniges und baulich Bedeutsames auch auf den kleinen Flächen der drei Zentren, dem bürgerlichen, dem klerikalen und dem höfischen. Der rechteckige Marktplatz ganz in der Mitte, auf dem sich Rathaus und Pfarrkirche gegenseitig den Rücken stärken, ist umgeben von soliden Bauten strebsamer Bewohner – kein Protzen wie in den hanseatischen Küstenstädten. Im Grunde mittelalterlich wie auch das Wegenetz der Stadt, thront der Kirchturm von St. Marien zwischen barocken und klassizistischen Fassaden. Der Güstrower Marktplatz war immer wieder Treffpunkt illustrer Leute. 1712 verhandelten August der Starke und der russische Zar Peter I. in der heutigen Schlossapotheke am Markt. Im 19. Jahrhundert war durch die Wollmärkte, Messen, Tierschauen und Auktionen der Trubel so groß, dass Güstrow in den Ruf kam, ein »kleines Paris« zu sein. Ernst Barlach und sein Freund Theodor Däubler machten zeitweilig als faustisches Paar das »Hotel Erbgroßherzog« zu »Auerbachs Keller«. 1981 schüttelte Helmut Schmidt auf dem Weihnachtsmarkt gefälschten Güstrowern die Hand. 1991 hatte Helmut Kohl hier seine Vision von den »blühenden Landschaften«, die immerhin mit dem allwöchentlichen Gemüse- und Blumenmarkt den Platz wohltuend beleben.
Ganz still hingegen ist es wenige Schritte weiter am Dom. Selbst kräftiger Wind entlockt den gestutzten Linden auf dem Domplatz nur ein Flüstern, und der plötzliche Flügelschlag der Tauben ist erschreckend laut. Vor über 750 Jahren entwuchs der stämmige Dom als Stiftung Heinrich Borwins II. dem kurz zuvor noch heidnischen Boden. Der Dom ist das älteste Bauwerk der Stadt, gegenüber die Domschule aus dem 16. Jahrhundert, Mecklenburgs ältester erhaltener Schulbau. Durch die hohen, farblosen Fenster des langen Chorraums fällt nur an wenige Stellen Licht und betont die zwölf Apostelfiguren (1630) unter den Arkaden des Langhauses. An der Chorwand kniet betend der 1603 verstorbene Renaissancefürst Ulrich. Ihm verdankt Güstrow nicht nur eines der prächtigsten Renaissanceschlösser Norddeutschlands, sondern auch für 130 Jahre den Status als Residenzstadt von Mecklenburg-Güstrow.

1 *Die kleine Stadt Güstrow beherbergt sogar eine internationale Schule.* – 2 *Mehrmals im Jahr findet auf dem Marktplatz der Sommermarkt des Kunsthandwerks statt.* – 3 *Madonna im Strahlenkranz in der Pfarrkirche.* – 4 *Alte Giebelhäuser rahmen den Marktplatz von Güstrow ein.* – 5 *Die Gewölbedecke der St. Marien-Kirche.*

4

5

1

2

Nur wenige Schritte vom Dom hat der Lombarde Franz Parr das Schloss mit italienisch-französischem Charme erbaut. Der hausbackene Ziegel ist von elegantem Rustikaputz verdeckt. 1628/29 machte der kaiserliche Generalissimus Güstrow für kurze Zeit zur Hauptstadt des ganzen Landes. Später war das Schloss Kaserne und Lazarett für die Franzosen, dann für die Lützower. Ab 1817 als Landarbeiterhaus zunächst soziale Auffangstation, dann Strafanstalt, wurde der große Festsaal in zwei Geschosse unterteilt und die herrschaftlichen Räume in kleine Kammern. Landfürsorgehaus mit Arbeitsanstalt bis 1950, diente es 1944 auch zur Inhaftierung von Angehörigen der Beteiligten am Hitler-Attentat. Das Schloss war so heruntergewirtschaftet, dass nicht einmal die russische Kommandantur einzog und auch keiner auf die Idee kam, es aus ideologischen Gründen zu sprengen. Es wurde Flüchtlingslager, dann Altenheim – die Leistung der Restauratoren ist bewundernswert, die ab 1963 aus der fürstlichen Bruchbude wieder ein museumsreifes Schloss machten, das heute Prunkwaffen, Gemälde, Skulpturen, Kunsthandwerk der Renaissance und Glas von der Antike bis zur Moderne birgt.

Unversehrt durch Krieg und danach von ehrenamtlichen Denkmalschützern vor Zerfall und zu vielen Neubauten weitgehend bewahrt, ist die Stadt doch hauptsächlich Ziel von Kulturpilgern auf den Spuren Barlachs (1870-1938). Selbst in den Dom kommen die Menschen hauptsächlich, um Barlachs *Schwebenden* zu sehen. »Güstrow kann sich sehr wohl neben eine toskanische Stadt stellen, meinem Rasseempfinden und Fühlen entsprechen der hiesige Dom und die Pfarrkirche etc. mehr als die Marmordome. Und gotische Holzfiguren sind einfach Offenbarung für mich.« Die mitten in mediterraner Üppigkeit eines Villa-Romana-Aufenthaltes gewonnene Erkenntnis, innere und äußere Heimat im Norden zu haben, führten den Bildhauer, Grafiker und Dichter 1910 in diese Stadt, in der er die fruchtbarsten und furchtbarsten Jahre seines Lebens verbrachte. Freunde warnten ihn vor der Provinz, die dem Künstler dann in den 28 Jahren seines Hierseins zur Quelle für Schöpfung und kleinbürgerliche Pein wurde. Das Güstrower Ehrenmal, das erste monumentale Werk Barlachs, zum Gedenken an die Gefallenen des Ersten Weltkrieges geschaffen, hatte schon zeitig den Widerspruch faschistischer Gemüter provoziert. 1937 wurde es auf Beschluss des Oberkirchenrates aus dem Dom entfernt und für wehrwirtschaftliche Zwecke eingeschmolzen. Die schwere Gestalt der Bronze mit den Gesichtszügen der Kollwitz, schmerzvoll, dem Gegenwärtigen entrückt, schwebt seit 1952 als Drittguss wieder in der nördlichen Seitenkapelle des Domes. Einen Engel der Hoffnung findet man in der Pfarrkirche St. Marien, als kleines Relief von Barlach.

Barlach, der anfangs in einer alten Töpferei in der Plauer Straße, dann in einem Pferdestall, heute Zu den Wiesen 30, und schließlich in einer ausgedienten Autowerkstatt, Walkmühlenstraße 21, gearbeitet hatte, ließ 1930 vom Architekten Adolf Kegebein das Atelierhaus am Heidberg errichten. Der größte zusammenhängende Werkbestand an bildhauerischen und schriftlichen Arbeiten, Skizzen und Entwürfen, 450 Skulpturen, über 2000 Handzeichnungen, 120 Taschen- und Skizzenbücher sowie 120 literarische Dokumente gehören heute zum Nachlass, der seit 1994 von der Ernst-Barlach-Stiftung verwaltet wird. In einem 1998 errichteten Museumsneubau werden neben dem Lebenswerk des Bildhauers auch das künstlerische Umfeld und Werke der klassi-

1 *Das Renaissanceschloss in Güstrow wurde 1558 errichtet. Neben den prachtvollen Gartenanlagen und dem südländischen Flair lohnt ein Besuch des Museums.* – 2 *Plastik* Frierende Alte *im Atelierhaus Ernst Barlach.* – 3 Der Schwebende *von Barlach im Dom.*

schen Moderne vorgestellt. Das Atelierhaus ist Barlachs Arbeiten gewidmet. Oft führte der Spazierweg Barlachs über den alten Friedhof zur spätgotischen Gertrudenkapelle. »Hier ließe es sich wohl arbeiten. Das wäre wohl eine Situation für einen Bildhauer von meiner Beschaffenheit, meinen Arbeiten fehlt nur noch der sakrale Raum.« Heute sind in dem durch schmale Fenster meditativ beleuchteten Kapellenraum ausschließlich in Güstrow entstandene Werke ausgestellt, darunter so bedeutende wie der *Wanderer im Wind.*

Hoheitliches und Hutzeliges – Schwerin

Mit einem Zug ins Große blieb Schwerin doch immer auch im Kleinen verhaftet. Als Residenz-, Gau-, Bezirks-, schließlich Landeshauptstadt war sie glänzender Rahmen für Hofschranzen, Parteikader und Beamte. 1972 wurde Schwerin zwar durch Zuwachs der Satellitenstädte Weststadt, Lankow und Großer Dreesch, in denen bald dreimal so viele Menschen wie in der Innenstadt wohnten, eine Großstadt, sie blieb aber dennoch auch Provinz. Anspruch und Widerspruch dieser Stadt zeigen sich natürlich auch im Architektonischen: In den verwinkelten Straßen und Gassen duckt und drängelt sich hutzliges Fachwerk, platziert sich hell geputzter Klassizismus vor Backsteingotik, träumt trutzig Tudorgestyltes, klotzen die Neureichs der Gründerzeit. An den Schauseiten der Stadt, am Pfaffenteich und vor allem beim Schloss, wird es hauptstädtisch. Der Alte Garten, ein repräsentativer Residenzplatz, der in der zweiten Hälfte des 19. Jahrhunderts seine wesentliche Gestalt bekam, wurde in den letzten Jahren saniert. Prachtbauten wie Kollegiengebäude, die heutige Staatskanzlei, das neobarocke Theater, das Museumsgebäude, vor dem wieder das Paul-Friedrich-Denkmal steht, zeigen Größe. Das schlichte Fachwerk des alten Palais dazwischen ist noch ein leiser Nachhall des Schweriner Mischklangs, der sich auf der Schlossinsel gegenüber zum hellen Akkord aufschwingt.

Zäh kämpfte man 1990 um die historisch angestammte Rolle als Landeshauptstadt, hatte man doch sonst nichts: Wirtschaft und Wissenschaft profilierten eher den stärksten Konkurrenten Rostock. Schwerin buhlte erfolgreich mit freistehenden Verwaltungsgebäuden, fünfhundertjähriger Musiktradition des Staatstheaters, dem Staatlichen Museum und vor allem mit dem Schloss. »Neuschwanstein des Nordens!« Für die einen einer der bedeutendsten Historismusbauten Europas, für andere ein kurioses Stilgemisch. Immer aber beeindruckend mit seiner goldenen Kuppel und den vielen Türmchen. Gegen diese blendende Antwort der restaurativen Monarchie auf die Ideen von 1848 kommt das im englischen Tudorstil auf dem Marktplatz vor sich hinträumende Rathaus kaum an. Schwerin war nie die Stadt selbstbewussten Bürgertums wie die Hansestädte im Norden, es war Hofgeschichte, ab 1945 Arbeiter- und Bauerngeschichte. Bis 1918 Sitz der mecklenburgischen Herzöge, von 1925 bis 1943 bereits museal genutzt, wurde das Schloss später Schule für Kindergärtnerinnen und Sitz des SED-Bezirkstags. 1974 wurde mit der Restaurierung begonnen.

Was wäre Schwerin auch ohne Schloss? Es ist Keimzelle und Sinngeber, und seine Geschichte ist auch immer die der Stadt. Niklot als Stammvater des mecklenburgischen Herrscherhauses wird weithin sichtbar und hoch zu Ross mit güldenem Standbild in der Hauptfront geehrt. Zu seinen Füßen Graf Gunzelin, Statthalter und Erbauer der ersten deutschen Burg auf der Insel zwischen Schweriner und Burgsee. Von dieser ist wenig bekannt, von der spätgotischen stammt noch das

1 *Das Drachenbootfestival auf dem Pfaffenteich in Schwerin ist fester Bestandteil des Sommerprogramms.* – 2 *Das Staatliche Museum präsentiert auf drei Etagen Gemälde, Skulpturen und Kunsthandwerk in der prachtvollen Umgebung des Thronsaals, der Ahnengalerie und der Wohn- und Festräume.*

2

V.G.G. HEINRICH V. DER FRIEDFERTIGE HERZOG ZU
MECKLENBURG. † 6. FEBRUAR 1552.
1

2

Bischofshaus. Der Zeit Johann Albrechts I. entsprangen die seeseitigen Renaissancebauten und die Schlosskapelle nach Dresdener und Torgauer Vorbild. Das 18. Jahrhundert hinterließ kaum Spuren, doch wurde nun der Grundstock der heute umfangreichsten Sammlung niederländischer Malerei des »Goldenen Zeitalters« gelegt. Die große Sammlung machte Ende des 19. Jahrhunderts den Bau der Großherzoglichen Gemäldegalerie (heute Staatliches Museum Schwerin) notwendig.

Umfangreichste Veränderungen erfuhr das Schloss von 1845 bis 1857 unter Hofbaumeister Adolph Demmler, der sich vom Schloss Chambord an der Loire inspirieren ließ, später löste ihn Friedrich August Stüler ab. Heute sitzt der Landtag Mecklenburg-Vorpommerns im Schloss, der andere Teil kann besichtigt werden. Prunkvollster Raum ist der hohe Thronsaal. Der Burggarten im Stil der englischen Landschaftsgärten in Anlehnung an römische Terrassengärten wurde nach den alten Plänen des königlich-preußischen Gartendirektors Lenné wiederhergestellt. Vom Anleger unterhalb des Schlosses stechen Ausflugsdampfer in den See.

Der erste Eindruck ist verwirrend. Auch noch nach dem zweiten Gang durch die Stadt kann es geschehen, dass man, obwohl man doch zielsicher Café Prag in der Schlossstraße angepeilt hat, plötzlich auf dem Ziegenmarkt steht. Also wieder zurück, was bei der Größe Schwerins nicht weiter schlimm ist. Ein Anhaltspunkt ist die 117,5 Meter hohe Turmspitze des Doms. Fitte kraxeln die 220 Stufen hoch bis zum Ausguck, um en gros zu erleben, was unten ausschnitthaft viel weniger deutlich wird: die traumhafte Lage Schwerins zwischen mindestens sieben Seen.

Der Dom steht nah am Altstädter Marktplatz, und doch umgibt ihn eine magische Stille. Die vermauerte Paradiespforte ist ein Rest des romanischen Vorgängerbaus. In der Bischofsstadt wurde ab 1270 gotisch gebaut, nachdem Kreuzfahrer Heinrich einen Tropfen Heiligen Blutes mitgebracht hatte und die Pilgergroschen rollten. Die Turmspitze wuchs erst später mit aufstrebendem Gründerzeitbewusstsein. Wie eine antike Kulisse breitet sich seit dem 18. Jahrhundert ein weißes Säulengebäude direkt vor dem Dom aus. Einst diente das klassizistische, nur stubentiefe neue Gebäude als Markthalle, heute sitzen Kaffeehausbesucher zwischen den 14 dorischen Säulen. Der Altstädtische Marktplatz, auf dem ein Löwe aus Stein an Heinrich den Löwen, den Gründer Schwerins, erinnert, ist Sammelpunkt für Touristen. Sie steigen in Petermännchens Stadtrundfahrtbus oder schlendern auf den Schlachtermarkt hinter dem Rathaus, wo noch immer lebendiges Markttreiben herrscht. Nur wenige Schritte weiter wurde einst auf einem Hügel inmitten sumpfigen Gebiets die barocke Schelfstadt erbaut. Mit diesem Stadtteil zwischen Burgstraße und Schweinemarkt wurde Schwerin ab 1705 über die Altstadtgrenzen hinaus erweitert. In mit Feldstein gepflasterten Straßen mit behäbigen Fachwerkbauten aus dem 18. und 19. Jahrhundert hat sich bürgerliche Gemütlichkeit erhalten. Friedrich von Flotow, der Komponist der Oper *Martha* und Intendant am Schweriner Theater, Graf von Schack, den meisten in Verbindung mit der Münchener Schack-Galerie ein Begriff, und Heinrich Hühnchen, Konstrukteur des Anhalter Bahnhofs in Berlin, wohnten hier. Die Schelfstadt grenzt an den Pfaffenteich, dessen Westufer klassizistische Häuser rahmen, am Ostufer steht das spätklassizistische Eckhaus des Hofkomponisten Friedrich Wilhelm Kücken. An der Südseite ließ der Architekt Demmler sein villenartiges Wohnhaus bauen.

3

1 *Die Beletage im Schweriner Schloss, die Wohnräume der Großherzogin, zieren Stuckmarmor und bronzierter Eisenguss.* – 2 *Nicht immer ist Gold, was glänzt. Die kunstvollen Reliefschnitzereien bestehen größtenteils aus Pappmaschee.* – 3 *Ehrliches und bodenständiges Handwerk liefert der Schmied im Freilichtmuseum Mueß.*

2

1 *Gewölbedecke des Schweriner Doms mit prunkvollem Triumphkreuz mit Maria und Johannes.* – 3 *Die großzügige Fläche des Marktplatzes verdanken die Markttreibenden heute einem verheerenden Brand im Jahre 1651.* – 2 und 4 *Es sind die Details, die einen Besuch des Schweriner Doms lohnenswert machen.*

Seite 142/143

1 *Mit dem Kajak lassen sich auch die kleineren Kanäle und Bäche im Nationalpark Müritz befahren.* – 2 *Im Nationalpark kann sich die Natur ungestört entwickeln, der Mensch darf keinen Einfluss nehmen.* – 3 *Eine verwunschene Landschaft. Über hundert Seen und geheimnisvolle Moore gibt es im 318 Quadratkilometer großen Nationalpark* – 4 *Ein Paradies für Vogelbeobachter.*

3

4

3

4

1

2

Mecklenburg-Vorpommerns Top Ten

Insel Vilm

Auf der nur einen Quadratkilometer großen Insel im Rügenschen Bodden gedeiht einer der letzten norddeutschen Urwälder. Nachdem vor ungefähr 450 Jahren der letzte Holzeinschlag auf der Insel vorgenommen wurde, blieb sie sich selbst überlassen und gedieh alsbald zu einer gleichwohl naturkundlichen als auch romantischen Attraktion. Caspar David Friedrich, Carl Gustav Carus und Friedrich Preller d. Ä. verewigten sie in ihren Gemälden. Im Jahr 1936 wurde Vilm unter Naturschutz gestellt. In DDR-Jahren wurde sie zur Feriensiedlung der Staatselite.
Heute beherbergt die Insel die Internationale Naturschutzakademie, eine Außenstelle des Bundesamts für Naturschutz. Einmal am Tag nimmt ein Schiff Tagesausflügler vom Hafen Lauterbach mit hinüber. 300 Pflanzenarten gilt es in diesem Naturidyll zu entdecken, und 65 Vogelarten brüten hier. Romantisch ist ein Spaziergang durch den märchenhaft anmutenden Wald aus knorrigen Eichen und Buchen, an dessen Rand Schlehen, Weißdorn, Wildbirne und Holzapfel blühen.

Rügens Kreidefelsen und die Alten Buchenwälder

Rügens Kreidefelsen sind der unumstrittene Mythos der Insel. Die gewaltigen, bis zu 120 Meter hohen und mehr als 15 Kilometer langen Kreideklippen, die auch Caspar David Friedrich inspiriert haben, haben Rügen berühmt gemacht. Jährlich pilgern Hunderttausende Naturfreunde in den Nordosten der Insel. Wohl niemand reist nach Rügen, ohne nicht wenigstens einmal den 118 Meter hohen Königsstuhl gesehen und mehr als 400 Stufen tiefer am steinigen Strand nach Fossilien gesucht zu haben, die Wind und Wetter beständig und beharrlich aus der 70 Millionen Jahre alten Kreidewand waschen. Lichtgrüner Buchenwald, der seit 2001 zum UNESCO-Welterbe gehört, bekrönt die schneeweißen Felsen. Die Größe des einzigen Küstenwalds unter den fünf deutschen Buchenwäldern, die im Jahr 2011 zum UNESCO-Welterbe gekürten Buchenwälder beträgt 439 Hektar.
Bereits seit 2004 gibt das Nationalpark-Zentrum auf einer 2000 Quadratmeter großen Ausstellungsfläche spannende Einblicke in die Entwicklung dieser Landschaft. Seit 2014 kann man sich im ehemaligen Ausflugslokal »Waldhalle« in einer speziellen Informationsausstellung über die alten Buchenwälder und ihren Welterbestatus informieren.

Heiligendamm

Als erstes deutsches Seebad schrieb Heiligendamm Geschichte. 1793 von Herzog Friedrich Franz gegründet, ist es im Jahr 2003 zu neuem Leben erweckt worden. Ob Königin Luise oder Kaiser Wilhelm I., Lord Nelson, Feldmarschall Blücher oder auch der Zar von Russland – hier kurten die Reichen und Mächtigen. Das galt damals und gilt auch noch heute: 2007 waren die noblen Hotelgebäude am Meer der Schauplatz des G8-Gipfels.

Seebrücke Ahlbeck

Der Holzbau mit dem roten Dach und den vier Ecktürmchen, der 1898 errichtet wurde, ist die einzige noch erhaltene historische Seebrücke dieser Art an der deutschen Ostseeküste. Ihr 250 Meter langer Seesteg wurde im Winter 1940/1941 vom Eis weggerissen. Im Jahr 1993 wurde er wieder aufgebaut. Den leuchtend weißen Anstrich erhielt das Brückengebäude als Kulisse in Loriots Film *Papa ante portas*.

Warnemündes alter Strom

Die ehemalige Warnemünder Hafeneinfahrt ist heute Fischerei- und Seglerhafen. Hier starten Hafenrundfahrten und stechen Fahrgastschiffe in See. Die kleinen Fischerhäuschen der ehemaligen »Vörreg« beherbergen heute gemütliche Kneipen, Lokale und Straßencafés, Läden voller Schnickschnack und Boutiquen. Aus

3

1 *Die Stralsunder Katharinenkirche, ein besonderes Meeresmuseum.* – 2 *Die Festung Gömitz liegt inmitten des Naturparks Mecklenburgische Elbtalaue.* – 3 *Landestypischer Pausensnack: F(r)isch aus dem Räucherofen im Hafen von Kloster.*

Kuttern werden allerlei Leckereien aus dem Wasser wie Räucherfisch und üppig belegte Fischbrötchen feilgeboten. Dies ist die beliebteste und bunteste maritime Flaniermeile an der mecklenburg-vorpommerschen Ostseeküste.

Stralsunds Rathaus und Nikolaikirche

Die historische Altstadt von Stralsund repräsentiert den Idealtyp einer voll entwickelten Hansestadt aus der Blütezeit des Städtebunds im 14. Jahrhundert. Kaum irgendwo wetterleuchtet der viel zitierte hansische Bürgerstolz mehr aus roten Backsteinmauern als aus dem kühnen Ensemble der schon im Jahr 1270 begonnenen, aber erst 1360 vollendeten Nikolaikirche, dem ersten Nachfolgebau der Lübecker Marienkirche. Und auch das Rathaus mit seiner faszinierend filigranen Schauseite erzählt vom Stolz der Stralsunder auf ihren Status. Im lang gestreckten Innenhof des Rathauses boten einst die Händler ihre Waren an. Heute haben hier zahlreiche kleine Läden für Kunst und kulinarische Köstlichkeiten ein Zuhause gefunden.

Darßer Weststrand

Zerzauste Kiefern, Windflüchter, die sich vergeblich vor den Stürmen zu ducken versuchen; bleiche Buchengerippe, die das Meer allmählich verschlingt. Der von Menschenhand noch nahezu gänzlich unberührte Weststrand im Nationalpark Vorpommersche Boddenlandschaft ist so ziemlich das Wildeste, was die deutsche Ostseeküste zu bieten hat.

Müritz-Nationalpark

Die Landschaft im Müritz-Nationalpark strahlt mit ihren weiten Wäldern, den mehr als einhundert in der Sonne glitzernden Seen und den wundersamen Mooren etwas sehr Ursprüngliches aus. Dieser Nationalpark ist eine der reizvollsten Großlandschaften in Mitteleuropa. Seeadler ziehen am Himmel darüber ihre Kreise, der Fischadler stürzt sich aus schwindelerregender Höhe in einen See, Kraniche lassen im Frühjahr und Herbst ihr durchdringendes Trompeten erschallen.
Ein weitläufiges Netz von Wander- und Radwegen führt durch die Landschaften des Nationalparks, dessen größerer Teil – 260 Quadratkilometer – sich am Ostufer der Müritz erstreckt. Auf 62 weiteren Quadratkilometern breitet er sich östlich von Neustrelitz aus.

Feldberger Seenlandschaft

Wasser, so klar wie Selters – metertief sieht man die Fische schwärmen. Am Uferrand lauert ihnen der Fischreiher auf, gut getarnt durch die tief herabhängenden, knorrigen Buchenzweige. Und immer wieder öffnet sich der grüne Kranz rings um die acht Seen zu kleinen Buchten, die zum Baden einladen.
Diese Seenkette, dessen wohl schönste Perle, der Schmale Luzin, bereits im Jahr 1939 unter Naturschutz gestellt wurde, ist ein echtes Naturparadies, das sich auch sehr gut mit einem Paddelboot erkunden lässt.

Ludwigslust

Friedrich der Fromme (1717 bis 1785), Herzog zu Mecklenburg, träumte von einem »mecklenburgischen Versailles« und ließ in der zweiten Hälfte des 18. Jahrhunderts abseits des höfischen Treibens in Schwerin diese kleine Residenz im Südwesten des Landes errichten.
Das schon architektonisch ein wahres Kleinod darstellende Ensemble wird vom größten Schlosspark in ganz Mecklenburg-Vorpommern gekrönt. Das Staatliche Museum Schwerin hat bereits einige Teile des Schlosses für die Öffentlichkeit zugänglich gemacht. Unter anderem original erhaltene Spiegel, Fußböden und Raumverzierungen aus Pappmaschee, dem sogenannten Ludwigsluster Carton, sind hier zu sehen. Beinahe scheint es, als stünde in den Mauern von ganz Ludwigslust die Zeit so still wie die 40 Sandsteinskulpturen auf dem Dachfirst des Schlosses. Bänke hinter rauschenden Kaskaden laden im Park zum Verweilen ein.

1

2

Festivals & Events

Juni

Schlossgartenfestspiele Neustrelitz

1733 als Residenzstadt planmäßig gegründet, blickt Neustrelitz auf eine ebenso alte Musik- und Theatertradition zurück. Auch die höfischen Feste des Herzoghauses bevölkerten den Schlosspark mit »lebenden Bildern«, theatralischen Szenen und Ritterfestspielen. Bekannte Operetten wie *Die Csardasfürstin* und *Gräfin Mariza* werden auf den Wiesen des schönen Neustrelitzer Schlossgartens aufgeführt. 03981-23930, www.schlossgarten festspiele.de

Juni–August

Schlossfestspiele Schwerin

Kaum ein Platz eignet sich so als Open-Air-Arena wie Schwerins Alter Garten. Vor dem Architekturensemble von Staatstheater mit monumentalem, von Säulen getragenem Mittelrisalit, Staatlichem Museum mit theatralischer Freitreppe und Märchenschloss werden – ganz nach dem Vorbild Veronas – bei den Schlossfestspielen Schwerin Opern inszeniert. Tel. 0385-5300123, www.theater-schwerin.de

Juni–September

Vineta-Festspiele

Mit Licht, Laser, Musik, Tanz und viel Tamtam taucht das »Atlantis des Nordens« wieder auf. Schauspieler der Vorpommerschen Landesbühne Anklam, Eleven der Theaterakademie Zinnowitz und Laien spielen in opulenten Kostümen Geschichten, die sich an die Sage um die geld- und goldgierigen Bürger Vinetas anlehnen. Tel. 03971-208925, www.vineta-festspiele.de

Störtebeker-Festspiele

Jedes Jahr wird auf der Freilichtbühne von Ralswiek eine neue Story aus dem Leben des sagenhaften Seeräubers Klaus Störtebeker inszeniert. Störtebeker und seine Mannen waren schon zu Lebzeiten Legende. Hervorgegangen sind sie aus der Seeräuberbande, die sich um das mecklenburgische Herzoghaus zwischen 1390 und 1395 gegen die dänische Königin scharte. Hier, auf der Naturbühne von Ralswiek, vor dem Hintergrund des Großen Jasmunder Boddens, den von Zeit zu Zeit dunkle Koggen majestätisch queren, vermischen sich Wahrheit und Dichtung zu einem großartigen Spektakel. Tel. 03838-31100, www.stoertebeker.de

Juli

Wallensteintage

Drei Tage im Juli erwacht auf dem Alten Markt der alte Schwedenkönig Gustav Adolf II. zu neuem Leben. Da fließen Bier und Met in Strömen, gart Wildschwein am Spieß. Die Menschen tragen Bänder, Spitzen, kugelige Beinkleider oder Halskrause. Gaukler, Musketiere, Jongleure, Pikeniere und Marketenderinnen zaubern Bilder des heldenhaften Stralsund zur Zeit der Renaissance. www.wallensteintage-stralsund.de

Warnemünder Woche

Seit 1926 ist Warnemünde im Juli Treffpunkt nationaler und internationaler Segler, die eine Woche lang in mehreren Bootsklassen in einem der besten deutschen Segelreviere gegeneinander antreten. Heute reisen zur Warnemünder Woche fast 2000 Segler aus über 20 Nationen an. Zu den sportlichen Highlights zählen Europa Cups, Internationale Deutsche Meisterschaften, Goldcups, German Open und die Kitesurf-Trophy. An Land herrscht derweil Volksfeststimmung, bei klassischer Musik, Shanty-Wettbewerb und Beach-Party. Tel. 0381-52340, www.warnemuender-woche.com

Juli–September

Zeesboot-Regatten

Die zehn bis zwölf Meter langen Zeesboote aus Eichenholz, die einst quer vor dem Wind driftend ein breites Schleppnetz über den Grund zogen, wurden bereits im 14. Jahrhundert erwähnt. Knapp Hundert dieser Oldtimer segeln heute wieder auf den mecklenburg-vorpommerschen Boddengewässern. Zeesboot-Regatten werden auf Fischland-Darß-Zingst ausgetragen. www.braune-segel.de

1 *Beim Tonnenabschlagen auf Poel wird eine lokale Tradition gefeiert.* – 2 *Ruhe vor dem nächsten Törn im Regattahafen Röbel am Westufer der Müritz.* – 3 *Der Hafen mit seinen nostalgischen Booten verleiht Wismar besonderen Charme.*

Zeittafel

600
Den germanischen Stämmen folgen die Slawen.

995
Der deutsche Kaiser Otto III. stellt eine Urkunde aus, in der zum ersten Mal der Name »michelenburg« auftaucht.

12. Jahrhundert
Beginn der deutschen Besiedlung und Gründung der ersten Stadt Schwerin durch Heinrich den Löwen.

13. Jahrhundert
Zersplitterung Mecklenburgs. Gründung der wendischen Handelsstädte Rostock, Wismar, Stralsund, Greifswald, Anklam. Sie erhalten lübisches Stadtrecht und schließen sich zur »Dudeschen Hanse« zusammen. Pommern teilt sich in die Herzogtümer Pommern-Wolgast und Pommern-Stettin.

14. Jahrhundert
Der Sieg der Hanse über den Dänenkönig Waldemar IV. mündet im triumphalen Frieden von Stralsund, dem Höhepunkt der Hansemacht.

1419
Gründung der Rostocker Universität.

1456
Gründung der Greifswalder Universität.

1471
Alle Teilherrschaften Mecklenburgs – außer den Bistümern Ratzeburg und Schwerin – sind in einem Herzogtum vereint.

1478
Pommern wird nach Aussterben der Stettiner Linie unter Bogislaw X. vereint, Stettin wird Residenz.

1534
Beginn der Reformation in Pommern. Die niederdeutsche Fassung der Lutherbibel erscheint.

17. Jahrhundert
Mecklenburg und Vorpommern werden im Dreißigjährigen Krieg bei den Kämpfen zwischen kaiserlicher und schwedischer Macht zerrieben. Wallenstein wird zeitweilig Landesherr von Mecklenburg. Der große Gewinner ist Schweden, dem im Westfälischen Frieden Wismar, die Insel Poel, das Amt Neukloster und Vorpommern mit Stralsund und Rügen zugesprochen werden.

1720
Pommern, Usedom und Wollin werden mit Ende des Nordischen Kriegs preußischer Besitz.

1793
Unter Friedrich Franz I. entsteht Heiligendamm, das erste deutsche Seebad.

1803
Schweden verpfändet Wismar und Poel auf 100 Jahre. 1903 wird das Pfand nicht eingelöst, beide kommen zu Mecklenburg.

1806
Aufhebung der Leibeigenschaft in Vorpommern.

1815
Nach Vertreibung Napoleons wird Pommern auf dem Wiener Kongress den Preußen zugesprochen.

1820
Aufhebung der Leibeigenschaft in Mecklenburg.

1918/1919
Die Herzogtümer Schwerin und Strelitz werden Freistaaten.

1934
Vereinigung der beiden mecklenburgischen Freistaaten zum Land Mecklenburg.

1945
Mecklenburg und Vorpommern werden von den Sowjets zu einem Land vereint.

1947
Auf Befehl der Besatzungsmacht wird der Landesname auf Mecklenburg reduziert.

1952
Eine neue Verwaltungsordnung teilt die Länder der DDR in Bezirke auf. Im Norden entstehen die Bezirke Rostock, Schwerin und Neubrandenburg.

1990
Das Bundesland Mecklenburg-Vorpommern entsteht, Schwerin wird Hauptstadt.

1999
Das mecklenburgische Platt wird zweite offizielle Amtssprache.

2002
Wismar und Stralsund mit ihren historischen Altstädten werden in die Weltkulturerbe-Liste der UNESCO aufgenommen.

2013
Das Land erreicht mit über 28 Mio. Übernachtungen wieder den Spitzenwert von 2009.

1

2

Übernachten & Genießen

Klützer Winkel

Übernachten

Hotel Gutshaus Stellshagen

Ein empfehlenswertes Bio- und Gesundheitshotel, das hervorragend zum aktuellen Trend der Achtsamkeit passt. Die Produkte auf dem stets üppigen vegetarischen Buffet stammen zum großen Teil aus eigener Herstellung. Darüber hinaus finden die Gäste viele weitere Angebote für ihre Gesundheit, von Ayurveda über Ernährungsberatung bis hin zu Yoga.
Stellshagen, Lindenstr. 1,
Tel. 038825-440

Heiligendamm

Übernachten

Grand Hotel Heiligendamm

Die Zimmer dieses Grand Hotel verteilen sich auf sechs Häuser. Sie sind verschwenderisch und geschmackvoll ausstaffiert: in warmen Sandtönen, mit schimmerndem Marmor, beheizten Spiegeln und Seidengardinen.
Heiligendamm, Tel. 038203-7400

Wismar

Genießen

Alter Schwede

Ein traditionsreiches Restaurant mit maritimer Küche, untergebracht im ältesten Bürgerhaus der Stadt. In den gotischen Backsteinbau kehrte schon Königin Silvia von Schweden ein bei einem Staatsbesuch in Wismar.
Am Markt 20, Tel. 03841-283552

Rostock

Übernachten

Yachthafenresidenz Hohe Düne

Hier bekommt man neben einer Unterkunft für sich selbst auch einen Bootsliegeplatz bei Bedarf. Die großzügigen Doppelzimmer und Suiten sind auf verschiedene Häuser verteilt, die alle direkt am Meer stehen. Sechs Restaurants verwöhnen den Gaumen, von der Brasserie bis zum Gourmetlokal, und es gibt eine exklusive Wellnesslandschaft.
Hohe Düne, Am Yachthafen 1–8, Tel. 0381-504 00

Bad Doberan

Genießen

Torhaus

Café, Laden und Restaurant. Hier kommen Spezialitäten aus der Region auf den Tisch: Bier, Senf, Eintöpfe, Kuchen nach alten Rezepten. Probieren sollte man den Klosterkuchen mit kalt gepresstem Rapsöl.
Klosterstr. 1a, Tel. 0170-432 77 10

Fischland-Darß-Zingst

Übernachten

Haferland

Ihr Rohrdach tief in die Stirn gezogen, halten die drei miteinander verbundenen Häuser in der Nähe des kleinen Fischerhafens allen Wettern stand. Glücklich ist, wer einen Platz in der »Guten Stube« am grünen Kachelofen bekommt. Hier werden ausschließlich regionale und Bio-Produkte verarbeitet. Im Sommer bringt der 28 000 Quadratmeter große Garten frisches Grün, Beeren und Blüten auf den Teller. In der »Gesundheitsscheune« kann man in Saunen, im Schwimmbad und bei Massagen entspannen.
Wiek, Bauernreihe 5a,
Tel. 038233-680

Charlottenhof

Stilvoll sanierte historische Pension. Viel Licht, klares Design und eine leichte bodenständige Küche.
Ahrenshoop, Grenzweg 3,
Tel. 038220-302

Rügen

Übernachten

Hotel-Park Ambiance

Eines der schönsten Nostalgiehotels im Lande. Die vier denkmalgeschützten wilhelminischen Häuser sind durch eine unterirdische Galerie verbunden. So gelangt man bequem in den Wellnessbereich. Weltläufige Küche aus hochwertigen heimischen Produkten.
Sellin, Wilhelmstr. 34,
Tel. 038303-1220

Boldevitzer Rügenkaten

Mit viel Aufwand wurden Schloss und Park durch die Familie von Wersebe und auch die Gemälde des Malers Ha-

1 *Den klassizistischen Pavillon auf dem Doberaner Kamp schuf Carl Theodor Serverin.* – 2 *Abends ist der Strand von Wustrow gleich noch mal so schön.* – 3 *Maritime Romantik erwartet die Besucher des Seebads Warnemünde.*

ckert aus den frühen 1760er-Jahren im Festsaal restauriert. Sogar ein neuer See entstand inmitten der stillen Landschaft. Die alte Kapelle dient als Konzertraum und Trausaal. Stilvoll zieren Gripsholmmöbel und Gemälde die sieben Ferienwohnungen im Schloss. Gemütlich sind die großen Ferienwohnungen mit Balkendecke und Kaminofen in den ehemaligen Landarbeiterkaten.
Boldevitz, Brunnenhaus 17,
Tel. 03838-313976

Im Jaich

Pfahlhaussuiten und schwimmende Häuser mit eigenem Bootsanleger und Badesteg im Rügischen Bodden. Näher am Wasser geht nicht.
Lauterbach, Am Yachthafen,
Tel. 038301-8090

Usedom

Übernachten

Ahlbecker Hof

Mit edlen Hölzern, glitzernden Kronleuchtern und dicken Teppichen hat man die teure Eleganz der Gründerzeit wieder prächtig aufpoliert. Kaiser und hohe Politiker logierten einst hier.
Ahlbeck, Dünenstr. 47,
Tel. 038378-620

Genießen

Café Knatter

Mit Wassersportangeboten, Restaurant und Pension ein idealer Ort zum Surfen, Segeln und Schlemmen. Grandioser Blick auf das Achterwasser, vor allem bei Sonnenuntergang.
Ückeritz, Hauptstr. 36,
Tel. 038375-22966

Kulmeck

Brian Seifert überrascht mit kühnen Kräutervariationen und abenteuerlichen Kreationen auf hohem Niveau. Er pflückt Quitten, Nüsse und Tannenspitzen, sein Öl holt er aus Italien.
Heringsdorf, Kulmstr. 17,
Tel. 038378-22560

Greifswald

Genießen

Restaurant Büttner

Im kleinen denkmalgeschützten Fischerort in den Greifswalder Bodden, direkt an der Mole, kocht Antje Büttner modern und naturverbunden.
Greifswald-Wieck, Am Hafen 1a, Tel. 03834-8870737

Mecklenburgische Seenplatte

Übernachten

Gutshof Woldzegarten

Das 200 Jahre alte Gutshaus wurde bauhistorisch und -ökologisch zum Landhotel mit großzügigem Wellnessbereich saniert. Frische, authentische Gutshofküche.
Walower Str. 30, Tel. 039922-8220

Mecklenburgische Schweiz

Übernachten

Schloss Ulrichshusen

Das Schloss entstand im Jahr 1562. 1987 abgebrannt, wurde es vom Nachfahren des Erbauers in den 1990er-Jahren wieder aufgebaut und ist heute ein Hotel. Das Restaurant Am Burggraben bietet ländliche Küche, zumeist aus regionalen Zutaten.
Ulrichshusen, Seestr. 14,
Tel. 039953-7900

Güstrow

Genießen

Kurhaus am Inselsee

Mecklenburgische Küche mit Seeblick im traditionsreichen Hotel. Zudem Pianobar und Wellnessbereich. Barlachs Atelierhaus ist 300 Meter entfernt.
Güstrow, Heidberg 1,
Tel. 03843-8500

Feldberger Seenlandschaft

Übernachten & Genießen

Alte Schule

Auf dem Kirchberg des Dorfes führt der österreichische Küchenmeister Daniel Schmidthaler das wohl abgeschiedenste Sterne-Restaurant Deutschlands. In einem sparsam möblierten ehemaligen Klassenzimmer präsentiert er seine kulinarischen Kindheitserfahrungen, modern übersetzt.
Ortsteil Fürstenhagen, Zur alten Schule 5, Tel. 039831-22023

1

2

Mecklenburg-Vorpommern von A bis Z

Anreise

Mit dem Auto: Mecklenburg-Vorpommern ist mit der A20 direkt an das Autobahnnetz im westlichen Norddeutschland angeschlossen. Die Ostseeautobahn A20 durchquert Mecklenburg-Vorpommern von Lübeck bis zur A11 an der polnischen Grenze und damit fast komplett. Auch für die Reisenden aus dem Süden ist die An- und Abreise somit deutlich bequemer und kürzer.
Mit der Bahn: Der Norden ist gut per Bahn vernetzt. Von vielen Städten aus gibt es Direktverbindungen.
Mit dem Flugzeug: Zwei Ferienziele an der Küste sind auch per Linienflugzeug zu erreichen: Usedom (www.flughafen-heringsdorf.de) ab Düsseldorf, Dortmund, Köln/Bonn, Frankfurt, München und Stuttgart; Rostock von allen größeren Flughafenstädten im Südwesten Deutschlands.

Camping

Mit etwa 200 Campingplätzen, vom kleinen gemütlichen Familienplatz bis zu luxuriös ausgestatteten Campingparks, findet man reichlich Auswahl. www.vcwmv.de
Mehr als 50 Campingplätze in der Mecklenburgischen Seenplatte liegen direkt am Wasser. Mit dem »freecamper« kann der eigene Wohnwagen sogar zum Hausboot werden: www.freecamper.de

Essen und Trinken

Kaum ein Restaurant, das sich nicht ein wenig von der kulinarischen Historie des eigenen Landes inspirieren lässt. Mal regional rustikal, mal weltläufig verfeinert. Es hat einige Jahre gedauert, bis sich die Köche des Landes nicht nur auf die kulinarische Tradition besonnen haben, sondern sie auch als edle Landküche salonfähig machten. Heute liegt Mecklenburg-Vorpommern mit 143 Edelrestaurants an vorderster Stelle der ostdeutschen Spitzengastronomie. Zu den Sterne-Küchen im Jahr 2014 gehören das »Friedrich Franz« in Heiligendamm, die »Alte Schule« in Fürstenhagen, das »Ich weiß ein Haus am See« in Krakow, »Der Butt« in Rostock, das Restaurant »Nixe« in Binz und das Gutshaus Stolpe, die »Ostseelounge« im Strandhotel Fischland in Dierhagen, das Restaurant »freustil« in Binz und das Restaurant »Tom Wickboldt« im Romantik Hotel Esplande in Heringsdorf.
Zu den hiesigen Spitzenreitern ernannte Gault Millau auch das Restaurant »Friedrich Franz« in Heiligendamm, den »Berliner Salon« in Göhren auf Rügen sowie den »Butt« in Rostock-Warnemünde.
Um nachhaltige Esskultur zu etablieren und regionale Erzeuger hochwertiger Lebensmittel zu fördern, kennzeichnet die Initiative »ländlich fein« Restaurants und Läden, die regionale Produkte in Bioqualität anbieten.
Wer keine eigenen Kräuterwiesen hat und dennoch als Koch etwas auf sich hält, bestellt das frische schmackhafte Grün beispielsweise im Gutshaus Boltenhagen. Das Duo der »Essbaren Landschaften«, der Gärtner und Wildkräuterspezialist Olaf Schnelle und der Koch Ralf Hiener, verhilft Rauke und Ringelblume, Sauerampfer und Hirtentäschel zu neuem Ansehen in hiesigen Küchen.
Seit einigen Jahren macht auch der Kohl wieder Furore. Grünkohl mit fettem Pökelfleisch war das Essen der armen Leute. Jede Art von Kopfkohl war beliebt, gedieh er doch in den langen Sonnenstunden und der hohen Luftfeuchtigkeit der Inseln Poel und Rügen besonders gut. Mit Kohldampf hat das große Kohlessen alljährlich im Herbst jedoch nichts mehr zu tun. Die Kohlparty soll mithilfe heimischer Töpfe der Region eine weitere Facette im lukullischen Profil geben.
Auch die Kartoffel haben sowohl die Vorpommern als auch die Mecklenburger zum Essen gern, am liebsten als Bratkartoffel. Jedes Jahr im Herbst erhält auf Usedom im Rahmen der »Tüftentage« ein spezielles Kartoffelgericht einen Preis. So feiert man hier oben im Norden natürlich auch den Fisch. Es gibt im Frühjahr zahlreiche

1 *Wenn es am Strand von Usedom zu heiß wird, kann man in den schattigen Wald auf dem Streckelsberg spazieren.* – 2 *Mirow, Tor zum Neustrelitzer Kleinseengebiet, ist Ziel für Wasserwanderer.* – 3 *Im Kirchdorfer Hafen auf Poel.*

Feste und Wochen rund um den Hering. Anfang Mai beginnt an der Küste die kurze Fangzeit des Hornhechtes. Der bis zu 90 Zentimeter lange Meeresräuber, besonderes Merkmal sind seine grünen Gräten, kommt dann zum Laichen aus den warmen portugiesisch-spanischen Küstengewässern in die Ostsee. Der Aal hat von Mai bis August Hochsaison. Die Flunder, so heißt es, soll in den Monaten ohne »r« am besten schmecken; für den Dorsch gilt das Gegenteil. Die Hiddenseer Aalsuppe ist weit über die Inselgrenzen hinaus bekannt. Der in kleine Stücke geschnittene Aal wird mit Suppengrün kurz in Salzwasser gekocht. In dem Sud garen dann die Kartoffeln, später werden die Aalstücke und Butter hinzugegeben. Spickaal wird so genannt, weil man ihm zum Räuchern auf Haken steckt. Dann duftet es hinter Dünen vielfach nach dem Rauch von Buchenspänen und Wacholderstrauch aus den Öfen. Nirgendwo schmeckt Rökerfisch besser als direkt am Strand, im Windschatten eines an Land gezogenen Kutters, zu frischem Brot und Sonnenuntergang.

Fahrrad

Der ADFC zeichnet Mecklenburg-Vorpommern seit vielen Jahren als als eine der beliebtesten Radlerregionen Deutschlands in aus. 2300 Kilometer der acht Fernrad- und 5500 Kilometer der 21 Rundwege des Landes locken. Auch E-Bikes erfreuen sich hier immer größerer Beliebtheit. Der 600 Kilometer lange Radfernweg Berlin–Kopenhagen wurde mit mehr als 50 Ladestationen versehen. Radtouren mit Gepäcktransport bietet die Mecklenburger Radtour an, Tel. 03831-306760, www.mecklenburger-radtour.de

Golf

Das aufstrebende Golfland Mecklenburg-Vorpommern bietet 17 Golfanlagen. Rund 400 000 Übernachtungen verdankt der Nordosten den Golfspielern.

Hotels und Zimmerreservierung

Herbergen im Heu bieten rustikalen Urlaub auf dem Lande an; doch auch in kleinen individuellen Landhotels bis hin zu Fünf-Sterne-Etablissements in Schlössern und Kurhäusern kann man wohnen. Das Land hat die Zeichen der Zeit und seine Chance im Tourismus längst erkannt: Kaum irgendwo sonst in Deutschland kann man in so vielen frisch hergerichteten Hotels, Pensionen und Ferienhäusern wohnen. Dicht am Meer und in der Hauptsaison kostet es in der Regel mehr. Im Winter purzeln die Preise, mit dem jeweils aktuellen Sonderangebotskatalog kann man manch Schnäppchen machen. Die Unterkünfte werden von den Kurverwaltungen oder Touristinformationen sowie privaten Unternehmen vermittelt. Für den Sommer sollte man sich einen Ferienplatz an der Küste rechtzeitig reservieren. Kataloge, Informationen und Buchungen auch über Tel. 0381-4030550, www.auf-nach-mv.de.

Jagd

Viel Wild gibt es in diesem Land. Erklärtes Ziel der Landesforste ist die »Entwicklung naturnaher, gesunder und leistungsfähiger Waldbestände«. Dafür wird die Jagd in den Verwaltungsjagdbezirken auf einer Fläche von ca. 220 000 Hektar durch die Forst- und Nationalparkämter organisiert. Private und revierlose Jäger können unterschiedlich befristete Jagdscheine erwerben. Angebote in der Mecklenburgischen Seenplatte beispielsweise unter www.wald-mv.de

Klima, Kleidung, Reisezeit

Ein wahrer Ostseefan kennt kein schlechtes Wetter, nur unpassende Kleidung. Das wohl schönste Ostseefeeling kommt auch erst dann auf, wenn die Herbststürme toben – dann riecht es wieder so herrlich nach Salzwasser und Seetang. Ein Spaziergang in sprühender Gischt und an der besten Luft Deutschlands macht die Atemwege frei und entrümpelt die Gedanken. Und die Winde aus Süd und Südwest halten die

1

Mecklenburg-Vorpommern von A bis Z

Nächte noch recht warm, auch das Meer kühlt sich nur langsam ab. Doch alles ist relativ, denn selbst an heißen Sommertagen misst die Ostsee meist nicht mehr als »erfrischende« 18 Grad. Der erfahrene Urlauber packt sich denn auch im Hochsommer einen warmen Pullover, Regenjacke und feste Schuhe ins Gepäck. Mit kurzen heftigen Schauern und kühlen Winden ist immer zu rechnen. Die Insel Usedom und der Norden Rügens zählen zu den sonnenreichsten Regionen in Deutschland.

20 Kilometer landeinwärts bestimmt das Meer das Klima, es sorgt für höhere Luftfeuchtigkeit und intensivere Sonneneinstrahlung als im Binnentiefland.

Mecklenburg-Vorpommern im Internet

www.landurlaub.m-v.de
www.bio-mv.de
www.barrierefrei.m-vp.de
www.mv-tut-gut.de
www.museumsverband-mv.de
www.kunstorte-mv.de
www.auf-nach-mv.de

Naturschutz

Drei der 13 deutschen Nationalparks liegen in Mecklenburg-Vorpommern: Der Nationalpark Jasmund, der Nationalpark Vorpommersche Boddenlandschaft und der Nationalpark Müritz. Außerdem gibt es drei Biosphärenreservate: Südost-Rügen, Flusslandschaft Elbe und Schaalsee sowie sieben Naturparks. Der Naturpark Mecklenburgisches Elbetal ganz im Westen ist von weiten Überschwemmungsgebieten gekennzeichnet. In der Nossentiner/Schwintzer Heide gibt es sechzig Seen. Im Naturpark Mecklenburgische Schweiz & Kummerower See hat die letzte Eiszeit sanfte Hügel hinterlassen. Der Naturpark Flusslandschaft Peenetal schützt eines der größten zusammenhängenden Niedermoorgebiete Mittel- und Westeuropas. Im Naturpark Feldberger Seenlandschaft wächst einer der ältesten Buchenwälder Deutschlands. Viele der Bäume in den »Heiligen Hallen« sind älter als 350 Jahre. Vielfältig ist die Landschaft des Naturparks Usedom. Einsame Haffstrände, dichte Wälder, Wachholder und Binnendünen im Naturpark Am Stettiner Haff an der Grenze nach Polen, www.natur-mv.de

Souvenirs

Die meisten Souvenirs, die die Ostseeurlauber mit nach Hause tragen, gibt es ganz umsonst. Gemeint ist nicht der Sand, der sich am Ende der Ferientage in sämtliche Taschen verkrümelt hat, sondern freiwillig aufgelesene Muscheln und Steine. Nur Bernstein hat so mancher vergeblich gesucht. Zum Glück gibt es die Schau-Manufaktur in Ribnitz-Damgarten. Hier kann man die Bernsteinschmuckherstellung live erleben und ein kostbar gefasstes Stück Bernstein erwerben. Auch in Sellin und Bergen auf Rügen kann man Bernstein kaufen oder sich aus eigenem Fund ein Schmuckstück anfertigen lassen. Die Königsdisziplin unter den hiesigen Kunsthandwerken ist die Keramik. Auf dem Rügenhof in Arkona gibt es die traditionelle blau-weiße Rügenkeramik. In Ahrenshoop fertigen Johann und Katharina Klüner dünnwandige Gebrauchskeramik. Die Werkstatt in der Althäger Straße ist Urzelle der Fischlandkeramik. Auch kann man mit einer ganzen Reihe heimischer lukullischer Produkte seinen Urlaub daheim verlängern. Da bietet die Erste Rügener Edeldestillerie hochprozentige Brände aus den Früchten der eigenen Apfelplantagen. In der Wismarer Hanse-Sektkellerei reifen hinter dicken Gewölbemauern Tausende Flaschen Schaumwein im Flaschengärungsverfahren zu Qualitätssekten heran. Die Rügener Landschlachterei verarbeitet das »Pommersche Landschwein« und das »rauwollige Pommersche Landschaf« zu leckerer luftgetrockneter »Rügener Kreidefelsensalami«.

Tauchen

Hier eine Qualle, dort eine Muschelbank – zugegeben, die vegetationsarme Ostsee ist

1 *Die sterblichen Überreste von Rudolf Ditzen (Hans Fallada) befinden sich in Carwitz.* – 2 *Gustrows bürgerliches Zentrum ist pittoresk.* – 3 *Der Hochuferrand von Ahrenshoop ist filigran, Erosion und nistende Schwalben werden ihm gefährlich.*

nicht zu vergleichen mit der farbenfrohen Unterwasserwelt des Südens. Doch locken ihre interessanten geologischen Formen mit Kreideriffen und Steinfeldern immer mehr Taucher an. Außerdem sollen noch rund 1500 Schiffswracks aus verschiedenen Jahrhunderten unter Wasser verborgen sein. Die Sichtweite kann von null bis über zwanzig Meter schwanken. In mehr als 20 Tauchvereinen und zahlreihen Tauchbasen können sich Neulinge wie auch erfahrene Flossenträger optimal auf das Taucherlebnis in der Ostsee vorbereiten.

Touristenbüros

Verband Mecklenburgischer Ostseebäder e.V.
Uferstraße 2, 18211 Nienhagen, Tel. 038203-77610, Fax 038203-776120, www.mecklenburgische-ostseebaeder.m-vp.de

Touristinformation Wismar
Am Markt 11, 23966 Wismar, Tel. 03841-19433, Fax 03841-2513091, www.wismar-tourist.de

Tourist-Information Rostock
Universitätsplatz 6, 18055 Rostock, Tel. 0381-3812222, Fax 0381-3812602, www.rostock.de

Tourismuszentrale Stralsund
Alter Markt 9, Tel. 03831-24690, Fax 03831-246949, www.stralsund tourismus.de

Greifswald-Information
Am Markt/Rathaus, 17489 Greifswald, Tel. 03834-521380, Fax 03834-521382, www.greifswald.info

Regionaler Fremdenverkehrsverband Vorpommern e.V.
Fischstraße 11, 17489 Greifswald, Tel. 03834-8910, Fax 03834-892555, www.vorpommern.de

Wolgast-Information
Rathausplatz 10, 17438 Wolgast, Tel./Fax 03836-600118, www.wolgast.de

Kurverwaltung Insel Poel
Wismarsche Straße 2, 23999 Kirchdorf, Tel. 038425-20347, Fax 038425-22388, www.insel-poel.de

Tourismusverband Fischland-Darß-Zingst e.V.
Barther Straße 16, 18314 Löbnitz, Tel. 038324-6400, Fax 038324-64034, www.fischland-darss-zingst.de

Usedom Tourismus GmbH
Waldstraße 1, 17429 Seebad Bansin, Tel. 038378-47710, Fax 038378-477129, www.usedom.de

Tourismuszentrale Rügen GmbH
Ringstraße 113, 18528 Bergen, Tel. 03838-80770, Fax 03838-254440, www.ruegen.de

Hiddensee GmbH
Norderende 162, 18565 Vitte, Tel. 038300-6420, Fax 038300-64225, www.seebad-hiddensee.de

Tourismusverband Mecklenburgische Seenplatte und Mecklenburgische Schweiz e.V.
Turnplatz 2, 17207 Röbel, Tel. 039931-5380, www.mecklenburgische-seenplatte.de, www.mecklenburgische-schweiz.com

Wandern

Jährlich verbringen etwa zwei Millionen Besucher einen Wanderurlaub in Mecklenburg-Vorpommern. Zwei der elf Europäischen Fernwanderwege führen durch das Bundesland: der Osteeküsten-Wanderweg (E9) vom Klützer Winkel bis nach Ahlbeck auf der Insel Usedom, und der Naturparkweg (E9a) quer durch das Binnenland, vom Biosphärenreservat Schaalsee bis zum Naturpark Am Stettiner Haff. Beide Wege sind 400 Kilometer lang. Nur knapp 13 Kilometer lang, aber ebenfalls sehr schön ist der Hochuferweg Jasmund auf Rügen.

Wellness

Längst hat die Wellnesswelle auch die ostdeutsche Küste erreicht und schwappt von hier aus über das ganze Land. In 150 Hotels wird gepeelt, gewalkt und gesalbt, wabern duftende Dämpfe durch ein morgenländisch anmutendes Serail, schwimmen Rosenblätter in Badewannen. Laut Qualitätsmonitor Deutschland-Tourismus sind 21 Prozent aller Urlaube in Mecklenburg-Vorpommern Wellness-Urlaube.

Register

Orts- und Sachregister

A
Ahlbeck 106, 109, 144
Ahrenshoop 37f., 82, 85ff., 152
Althagen 26, 85

B
Bad Doberan 34, 42, 50, 53, 148
Bakenberg 98
Bansin 106, 137
Barnstorf 85
Bergen 152
Bernstein 152
Binz 38, 90, 94, 97
Boltenhagen 37, 45
Born 89, 113, 155

C
Carwitz 127, 128

D
Darß 22, 82, 89
DDR 53, 54, 61, 86, 93, 109, 147
Dömitz 119

E
Elde 124, 127
Eldena 29, 70

F
Feldberg 38, 127, 145, 149, 152
Fischland-Darß-Zingst 22, 25, 38, 78, 82, 146, 148

G
Garftitz 97
Gingst 21
Gnevsdorf 123
Göhren 94, 97
Goldberg 26
Gollwitz 82
Greifswald 22, 66 ff. 147, 149
Güstrow 132 ff., 149

H
Hanse 22, 30, 45, 46, 53, 61, 65, 66, 147
Heiligendamm 50, 144, 147, 148
Heringsdorf 37, 38, 106
Hiddensee 37, 38, 65, 78, 98ff.
Hünengräber 90

I
Ivenack 131

J
Jagdschloss Granitz 97
Jasmund 90, 93, 153

K
Kaiserbäder 106
Kirchdorf 81, 82
Kirr 90
Kläden 26
Klein Schmölln 119
Klementelvitz 94
Klempenow 26
Kloster 98, 145
Klütz 41, 42, 45, 148
Kölpinsee-Loddin 109
Königsstuhl 93, 144
Koserow 37, 109
Krackow 37, 128
Kühlungsborn 50

L
Langenwerder 82
Lauterbach 144
Liepe 109
Lübeck 81
Ludwigslust 119, 120, 145

M
Malchow 25, 124, 128
Mecklenburgische Lehm- und Backsteinstraße 123
Mecklenburgisches Platt 147
Mecklenburgische Schweiz 116, 149
Mecklenburgische Seenplatte 37, 116, 119, 127, 149
Mellenthin 105
Mirow 26, 123
Mönchgut 97
Molli 50

N
Nationalparks
– Jasmund 22, 93, 94
– Müritz 9, 123, 124, 141, 145
– Vorpommersche Boddenlandschaft 89, 145
Naturparks
– Mecklenburgische Elbtalaue 119, 145, 152
– Usedom 152
Neubrandenburg 119, 124
Neudarß 89
Neuendorf 98
Neustrelitz 123, 145, 146
Niehagen 85, 86

P
Peene 25, 26, 33, 105
Plau 25, 37, 119, 123, 124, 127
Poel 25, 78ff., 147
Pramort 89
Prerow 38, 82, 89, 113
Prora 38
Putbus 37, 97
Putgarten 93

R
Ralswiek 94, 146
Rasender Roland 97
Rattey 119
Rechlin 123
Recknitz 26
Retzow 123, 128
Röbel 37, 123
Rögnitz 120
Rostock 37, 45, 53ff., 147, 148
Rötelberg 128

1 *An den Häusern in Born sind oft Schmuckelemente seemännischer Volkskultur zu entdecken.* – 2 *Winterruhe im Hafen von Saßnitz.* – 3 *So eine kleine Frucht, und so gesund!*

Ruden 22
Rügen 21, 25, 77, 78, 90ff., 144, 147, 148, 152
Ryck 66, 70, 75

S
Saßnitz 34, 90, 94, 155
Schlösser
– Basedow 9
– Bothmer 41, 42
– Groß Plasten 131
– Groß Schwansee 42
– Kittendorf 128
– Lütgenhof 42
– Ralswiek 94
– Schwerin 146
– Neustrelitz 146
Schwerin 53, 115, 116, 124, 136, 146, 147
Seen-Rad-Weg 116, 119
Sellin 37, 94, 97, 152
Stavenhagen 131
Stettin 34, 147
Störtebeker-Festspiele 146
Stralsund 30, 42, 45, 61, 62, 73, 145, 146, 147
Streckelsberg 106
Strelasund 65
Swinemünde 105

T
Timmendorfer Strand 82
Tollensesee 26

U
Ueckermünde 26, 124
Ulrichshusen 131
Usedom 22, 25, 33, 37, 70, 78, 105ff., 119, 149, 151, 152

V
Vilm 25, 144
Vitte 93, 98, 101, 102

W
Waren 37, 123, 124
Warnemünde 54, 58, 144, 146
Warnow 58
Wieck 70, 89
Wismar 9, 29, 30, 42, 45ff., 147, 148
Wittow 90, 93
Wolgast 25, 42, 70
Wustrow 25, 85

Z
Zeesenboote 26, 146
Zickersche Berge 97
Zingst 82, 89
Zinnowitz 38

Personenregister

A
Arndt, Ernst Moritz 33

B
Barlach, Ernst 116, 132, 135
Bismarck, Otto von 34, 116
Bogislaw X, Fürst 70, 147
Brahms, Johannes 93

C
Carus, Carl Gustav 69, 144

D
Demmler, Adolph 50, 139

E
Einstein, Albert 102

F
Fallada, Hans 25, 127, 128
Fontane, Theodor 33, 127
Friedrich der Fromme 119, 120
Friedrich II. 33, 105
Friedrich Wilhelm IV. 34, 69
Friedrich, Caspar David 29, 66, 69, 90, 93, 96, 144

G
Gorki, Maxim 109

H
Hauptmann, Gerhart 61, 101, 102
Heinrich der Löwe 139, 147
Humboldt, Wilhelm von 101

J
Johnson, Uwe 45, 57, 116, 132

K
Kempowski, Walter 53, 57
Kohl, Helmut 132
Kollwitz, Käthe 102

L
Lilienthal, Otto 124
Luise, Königin 33, 124, 144

M
Mann, Thomas 101, 102
Müller-Kaempff, Paul 85, 86

Q
Quistorp, Johann 57, 69, 93

R
Reuter, Fritz 42, 45, 57, 58, 119, 131
Ringelnatz, Joachim 101
Runge, Philipp Otto 70

S
Simmel, Johannes Mario 109
Stüler, Friedrich August 69, 139

T
Tucholsky, Kurt 34, 58, 109

W
Wallenstein 30, 147
Wilhelm II. 34, 37, 106

Impressum

Verantwortlich: Stephanie Iber
Korrektorat: Anke Höhne, München
Layout: graphitecture book & edition, Bernau
Repro: Repro Ludwig, Zell am See
Kartografie: Astrid Fischer-Leitl, München
Herstellung: Bettina Schippel
Printed in Slowenia by Florjancic Tisk

★ ★ ★ ★ ★

Sind Sie mit diesem Titel zufrieden? Dann würden wir uns über Ihre Weiterempfehlung freuen.
Erzählen Sie es im Freundeskreis, berichten Sie Ihrem Buchhändler oder bewerten Sie beim Onlinekauf.
Und wenn Sie Kritik, Korrekturen oder Aktualisierungen haben, freuen wir uns über Ihre Nachricht an Bruckmann Verlag, Postfach 40 02 09, D-80702 München oder per E-Mail an lektorat@verlagshaus.de.

Unser komplettes Programm finden Sie unter

www.bruckmann.de

Alle Angaben dieses Werkes wurden von den Autoren sorgfältig recherchiert und auf den neuesten Stand gebracht sowie vom Verlag geprüft. Für die Richtigkeit der Angaben kann jedoch keine Haftung übernommen werden.

Die Fotografen

Melitta Kolberg beschäftigt sich seit 1987 intensiv mit der Landschaftsfotografie. Als sie dabei die norddeutsche Landschaft entdeckte, lag der Schwerpunkt ihrer Arbeit auf Schleswig-Holstein und Mecklenburg-Vorpommern. Seit Kurzem konzentriert sie sich auf die Gartenfotografie.
Johann Scheibner ist Mitglied der Agentur »IMAGE-TRUST«. Er fotografiert für zahlreiche Zeitschriften und Illustrierten. Von ihm sind bereits zahlreiche Bildbände und Reiseführer, u.a. zu Berlin und Mecklenburg-Vorpommern, erschienen, viele davon im Bruckmann Verlag.

Die Autoren

Hanne Bahra hat Kunstgeschichte studiert und reist seit ihrer Kindheit mindestens einmal im Jahr an die Ostsee. Sie arbeitet als freie Journalistin für verschiedene Journale und Tageszeitungen und berichtet über interessante Reiseziele in der ganzen Welt. Über Mecklenburg-Vorpommern hat sie inzwischen viele Bücher veröffentlicht.Von ihr stammen alle Texte dieses Buches mit Ausnahme der u.g. Bildlegenden.
Carsten Dohme, studierter Geograf, baute die Gecko-Publishing GmbH auf und arbeitet derzeit als Reisejournalist und Kartograf für namhafte Verlagsgruppen. Vor Kurzem erschien sein erstes belletristisches Werk, »Forsetas – Das Erbe der Lusitania«. Von ihm stammen die Bildlegenden für die Seiten 12–15, 20/21, 24/25, 27, 31, 32, 33 u., 34/35, 36 u., 37–39, 44 u., 46 u., 46 M., 47–50, 56/57, 58 o., 58 u., 59, 60 o., 61, 62 o., 62 u., 63, 64, 65 u., 67–77, 79/80, 81 o., 81 u., 82 u., 83 u., 86, 87 u., 88, 90–92, 94, 95 o., 96/97, 99 u., 100, 102–105, 106 o., 106 u., 109–111, 112 o., 113 u.l., 113 u.r., 114/115, 121, 123, 124, 125 u., 127 o., 129, 131, 132, 133 u., 134 o., 134 u., 135, 136/137, 138 o., 138 u., 139, 140–142, 143 u., 152.

Bildnachweis

Alle Bilder des Innenteils und des Umschlags stammen von Johann Scheibner, Berlin, außer: Melitta Kolberg, Hamburg: S. 2/3, 6/7, 8/9, 16/17, 18/19, 22, 23, 26, 28, 29, 30, 36 o., 40/41, 43 o., 43 u., 44 o., 45, 46 o., 49, 51, 52, 53, 54, 55 o., 55 u., 58 M., 60 u., 62 M., 65 o., 65 M., 66, 70, 81 M., 82 o., 82 M., 83 o., 84, 85, 87 o., 89 o., 89 M., 89 u., 93, 95 u., 98, 99 o., 101, 106 M., 107 o., 107 u., 108 o., 108 u., 112 u., 113 o., 117, 118 o., 118 u., 119, 120, 122, 125 o., 126, 127 M., 127 u., 130 o., 130 u., 133 o., 143 o., 144, 144/145, 145, 146, 146/147, 147, 148, 148/149, 149, 150, 150/151, 151, 152/153, 153, 154, 154/155, 155; Picture Alliance, Frankfurt a.M.: S. 35 (dpa-Zentralbild); Shutterstock: S. 143 u. (Arienzo, C.)

S. 2/3: Der Jachthafen Rechlin an der Müritz.
S. 5: Die Schäfer-Tradition ist hier noch lebendig.
S. 6/7: Im Frühjahr wird Rügen von den Rapsfeldern in ein gelbes Gewand gehüllt.
S. 8/9: Stellnetzfischerei vor der Insel Ummanz.
S. 158/159: Das St.-Johannis-Kloster in Stralsund ist ein Fachwerk-Schmuckstück.

Umschlag

Vorne: Eines der Wahrzeichen Mecklenburg-Vorpommerns: das Schweriner Schloss (Bildagentur LOOK, München/ Mirau, R.)
Hinten: Ausflugsschiff vor dem wohl berühmtesten Kreidefelsen Deutschlands

Die Deutsche Nationalbibliothek verzeichnet diese Publikation in der Deutschen Nationalbibliografie; detaillierte bibliografische Daten sind im Internet über http://dnb.d-nb.de abrufbar.

ISBN 978-3-7654-8257-1

In gleicher Reihe erschienen ...

ISBN 978-3-7654-5645-9

ISBN 978-3-7654-5854-5

ISBN 978-3-7654-6052-4

ISBN 978-3-7654-6183-5

ISBN 978-3-7654-6025-8

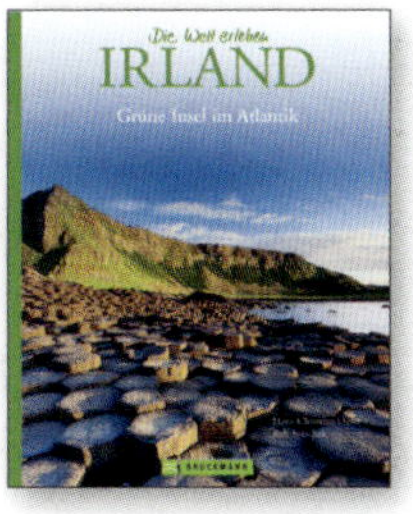

ISBN 978-3-7654-5371-7

ISBN 978-3-7654-6196-5

ISBN 978-3-7654-5853-8

ISBN 978-3-7654-6163-7

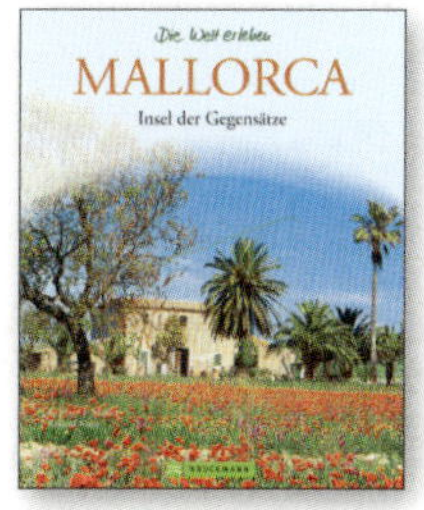

ISBN 978-3-7654-5647-3

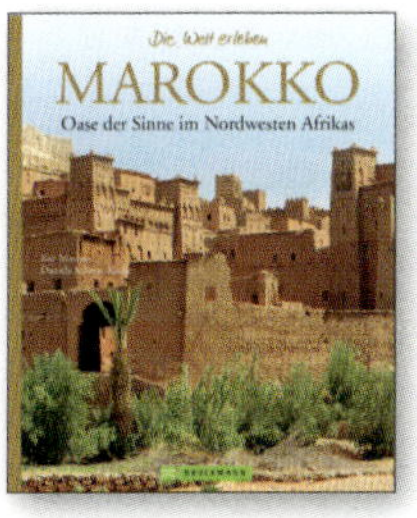

ISBN 978-3-7654-8259-5

ISBN 978-3-7654-6026-5

ISBN 978-3-7654-5643-5

ISBN 978-3-7654-5821-7

ISBN 978-3-7654-5535-3

ISBN 978-3-7654-5646-6

ISBN 978-3-7654-5418-9

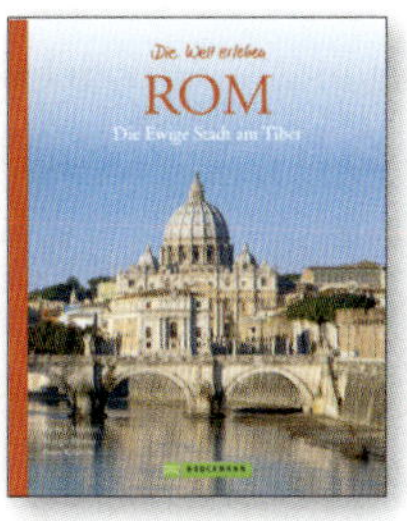

ISBN 978-3-7654-5649-7

ISBN 978-3-7654-5372-4

ISBN 978-3-7654-6189-7

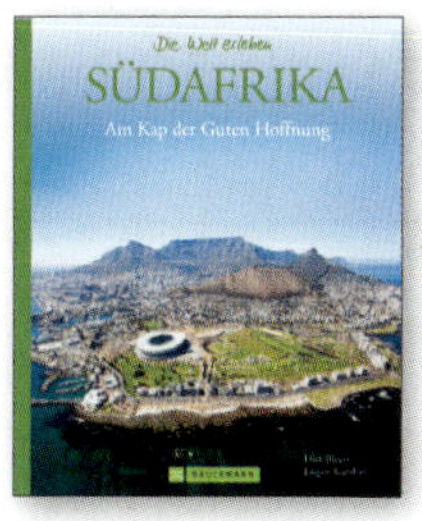

ISBN 978-3-7654-6051-7

ISBN 978-3-7654-6053-1

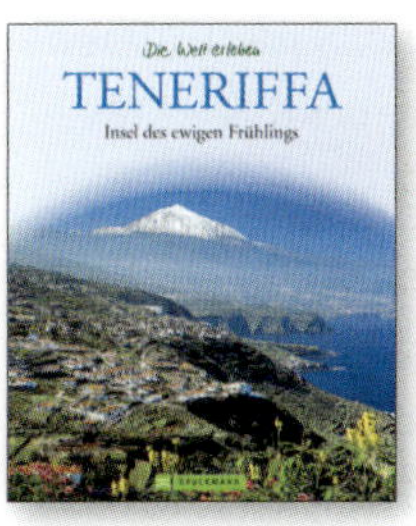

ISBN 978-3-7654-5642-8

ISBN 978-3-7654-5856-9

ISBN 978-3-7654-5648-0

ISBN 978-3-7654-6055-5

ISBN 978-3-7654-6786-8

ISBN 978-3-7654-5865-1